I0844529

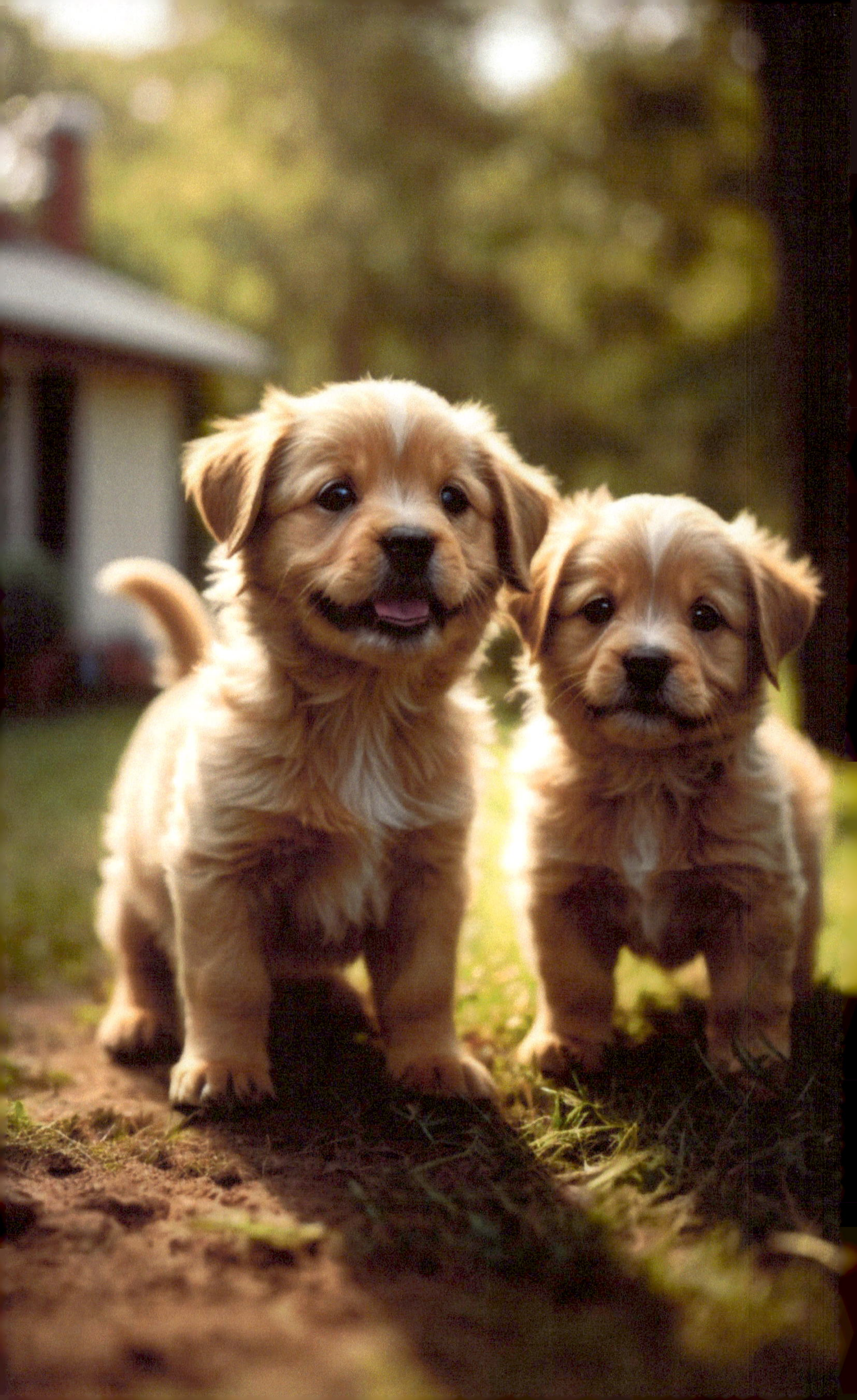

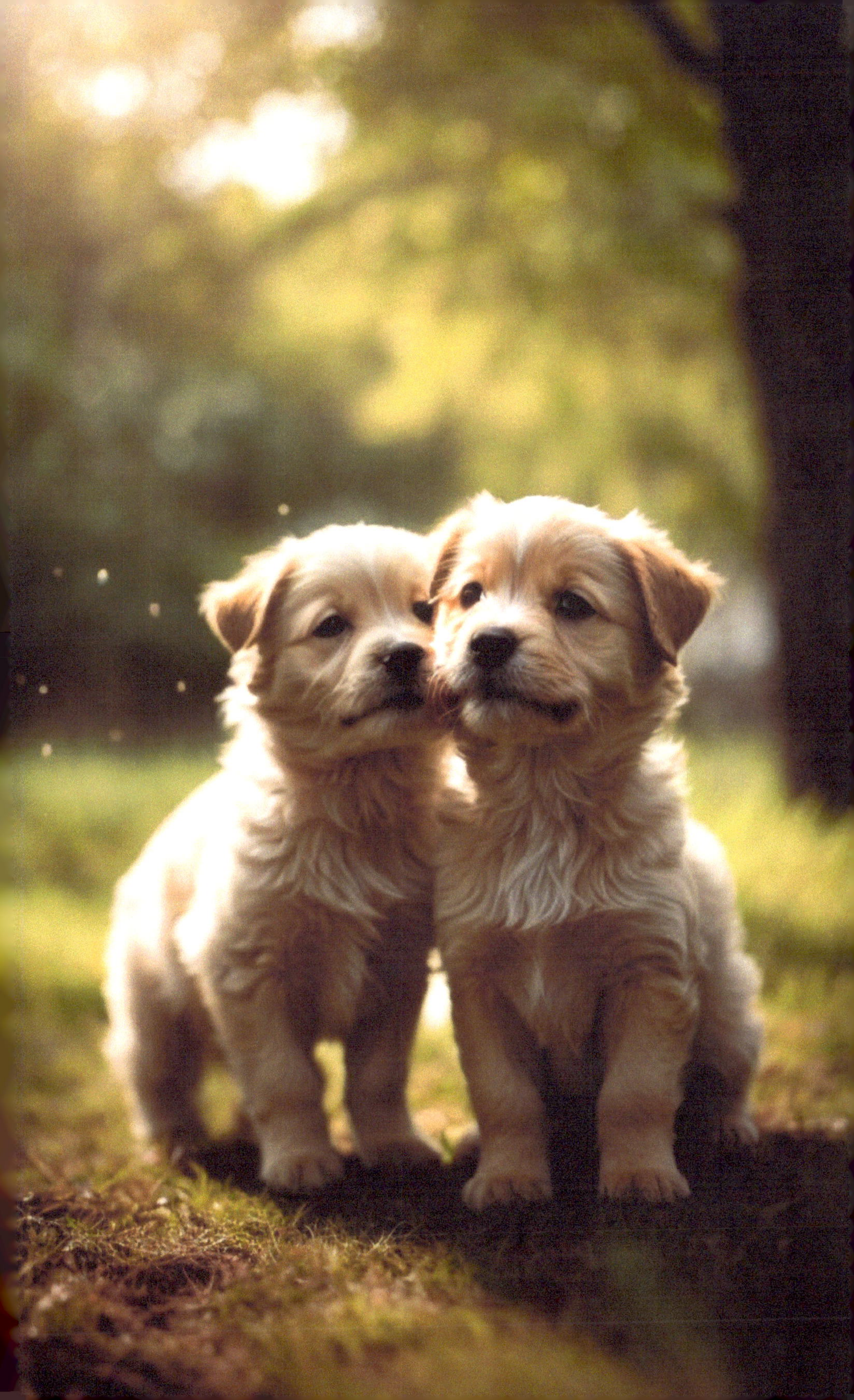

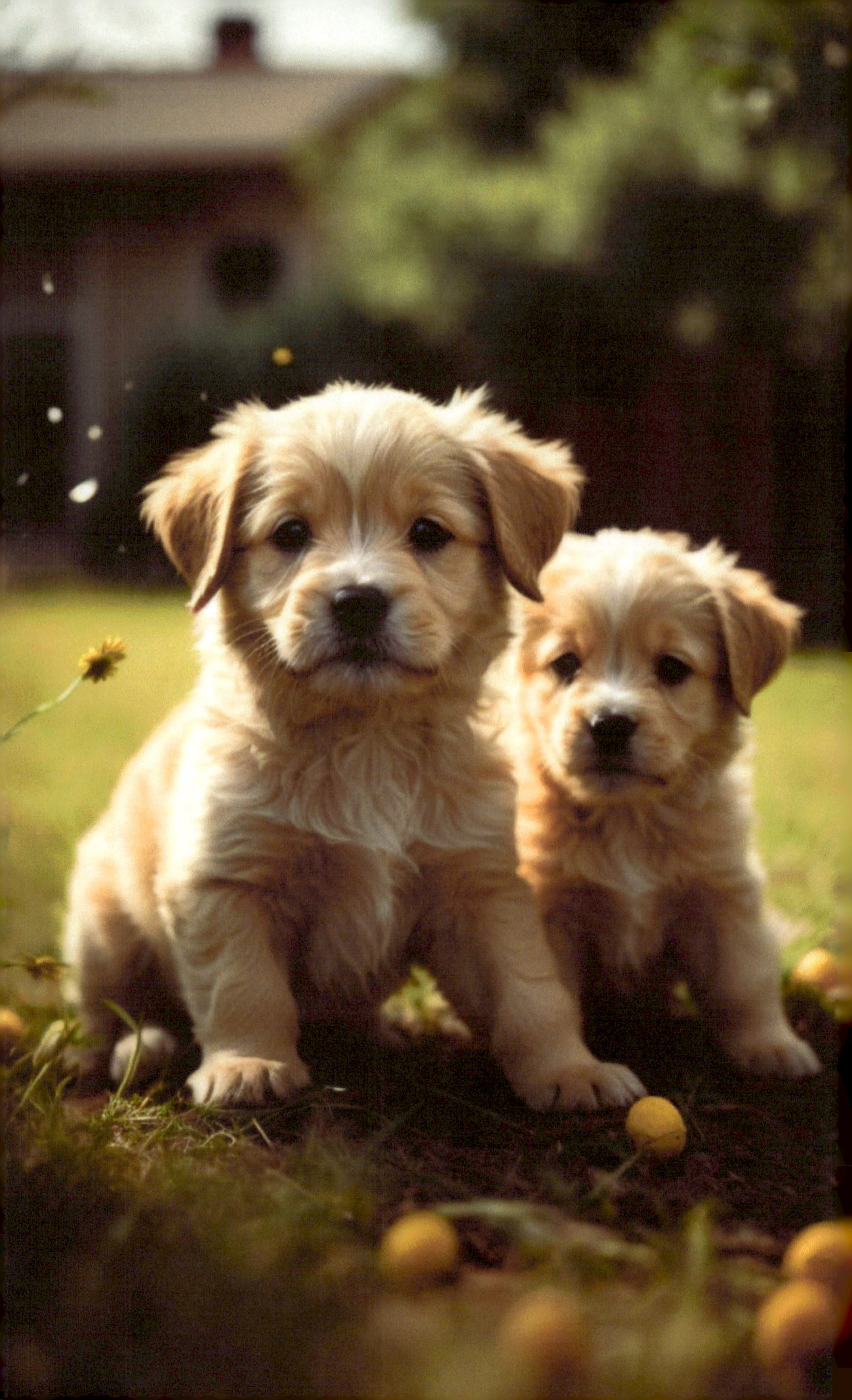

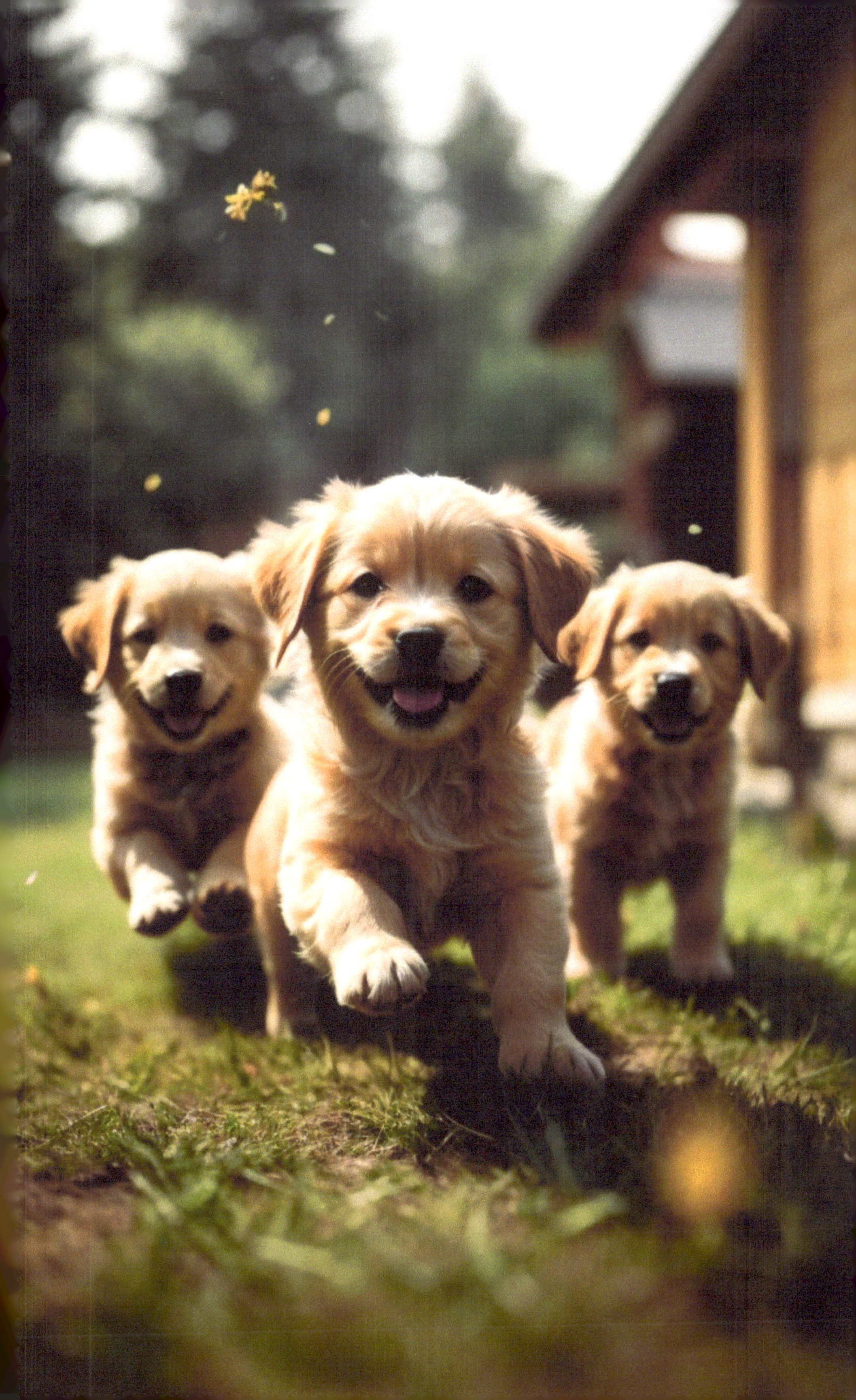

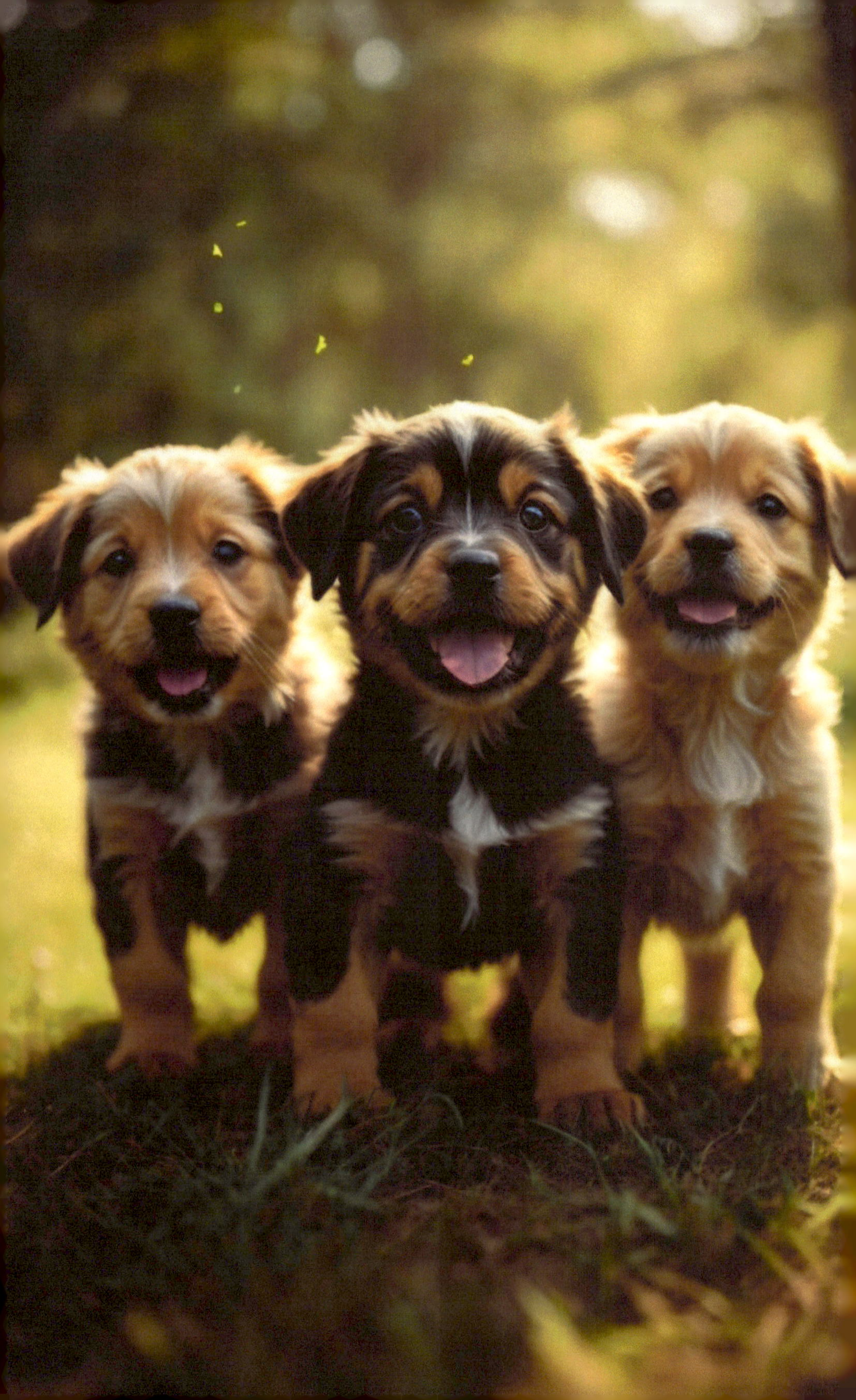

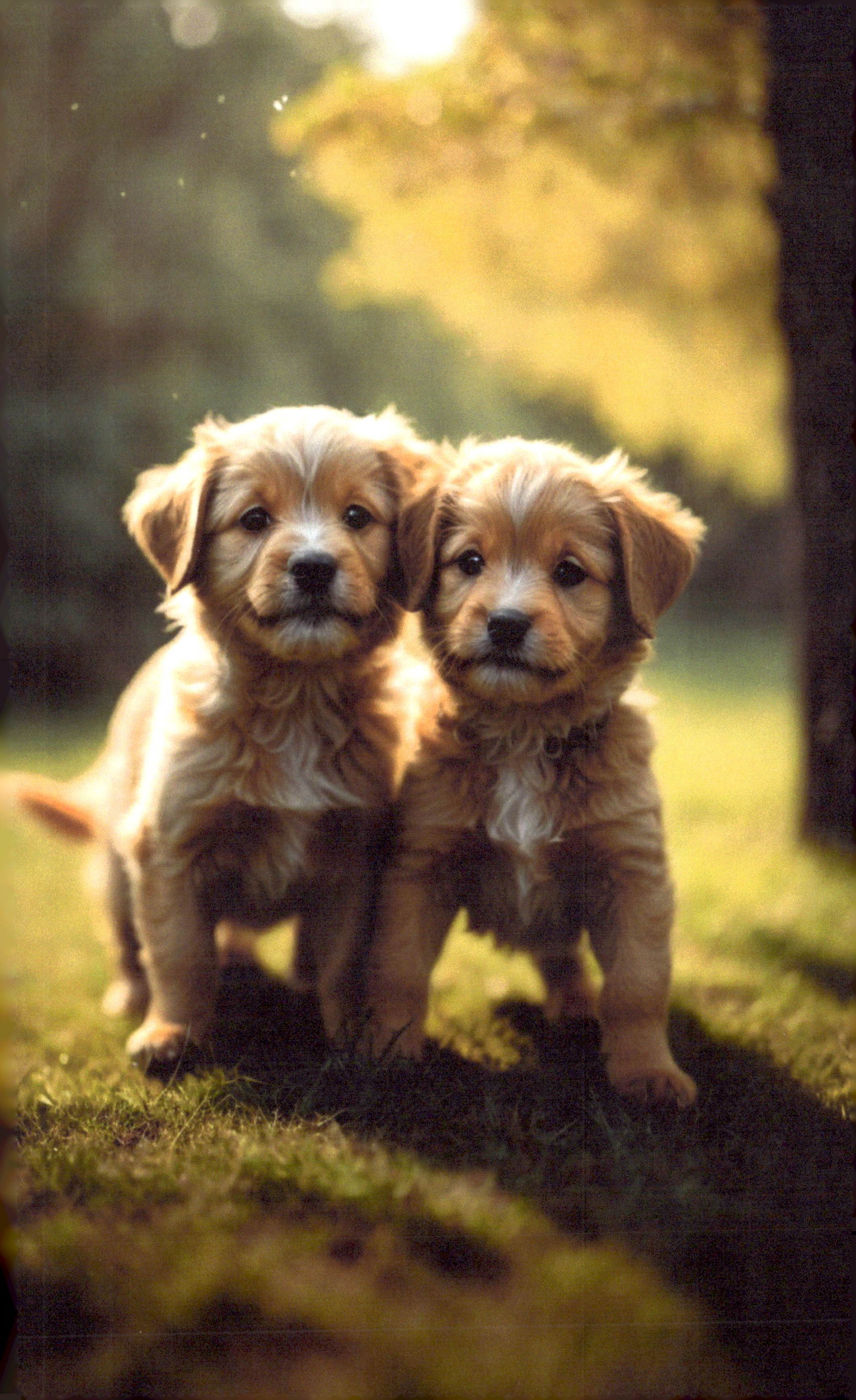

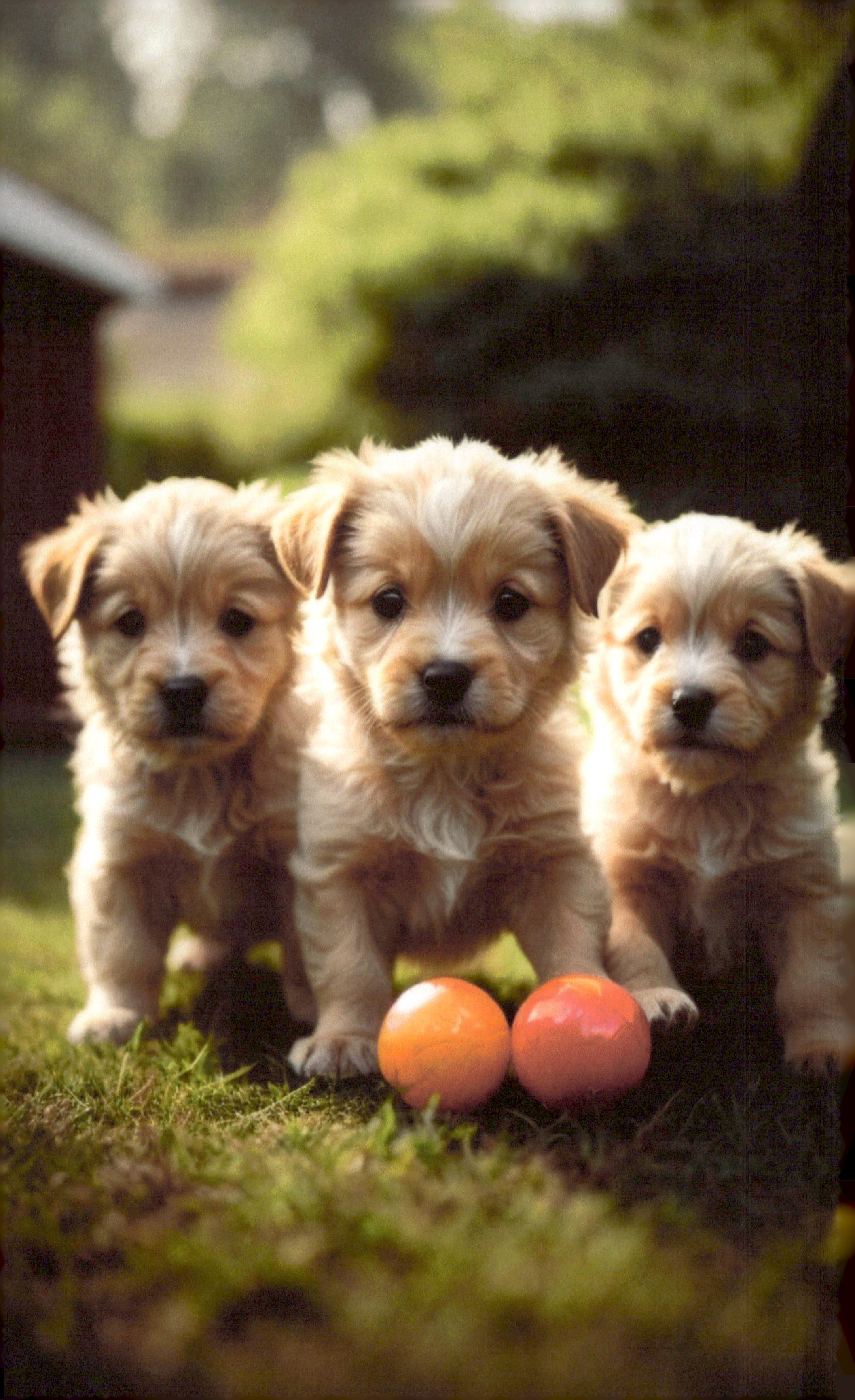

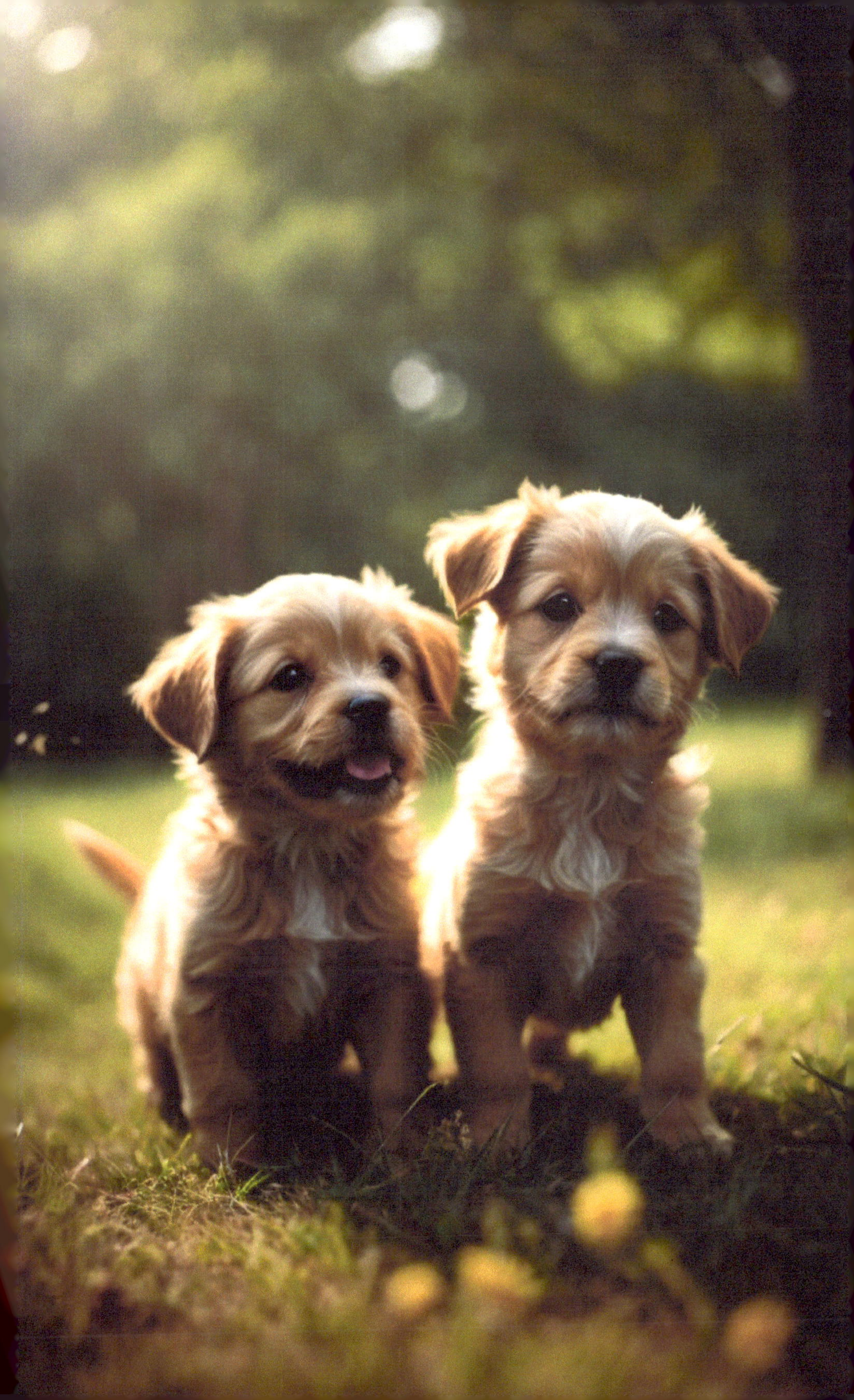

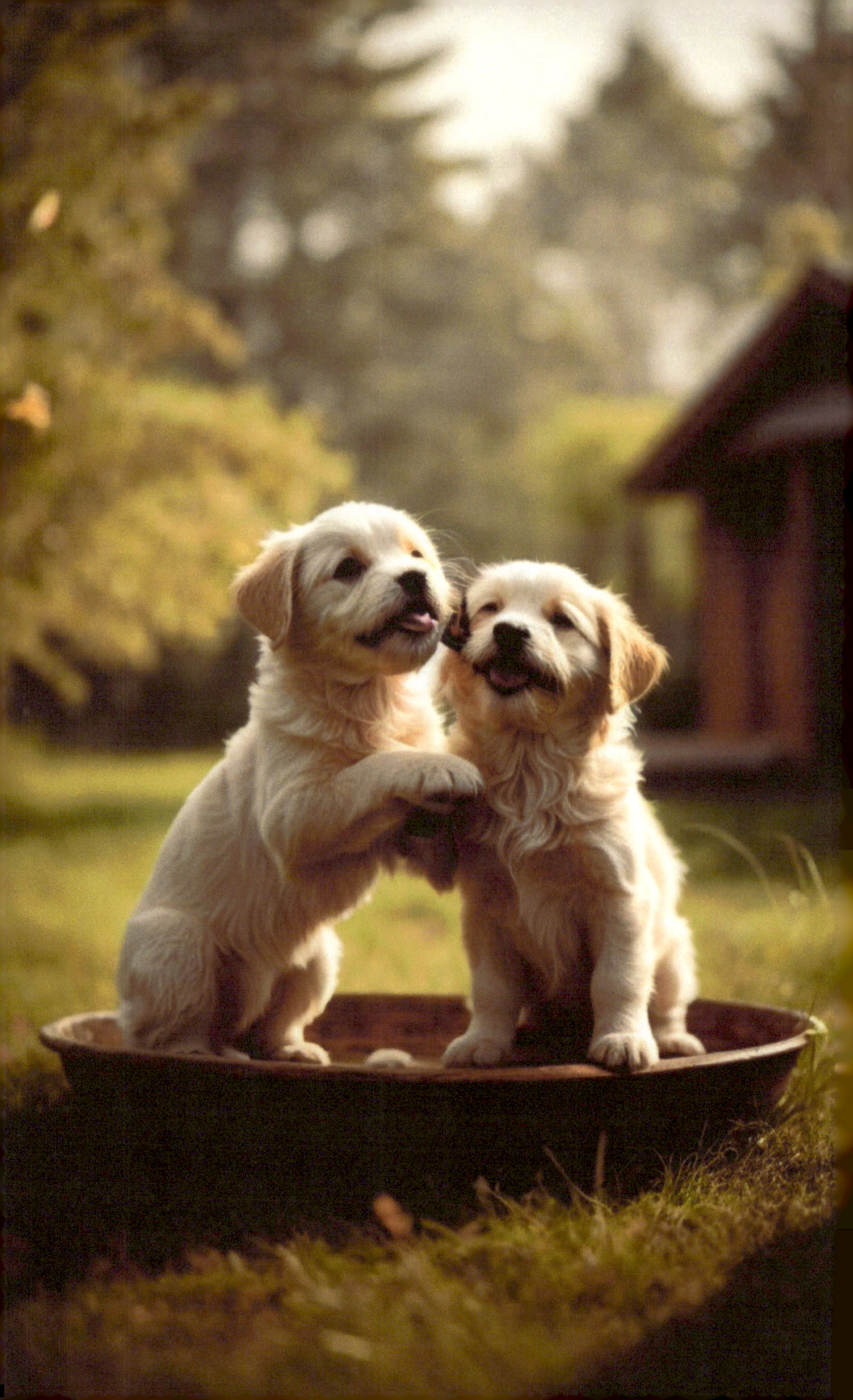

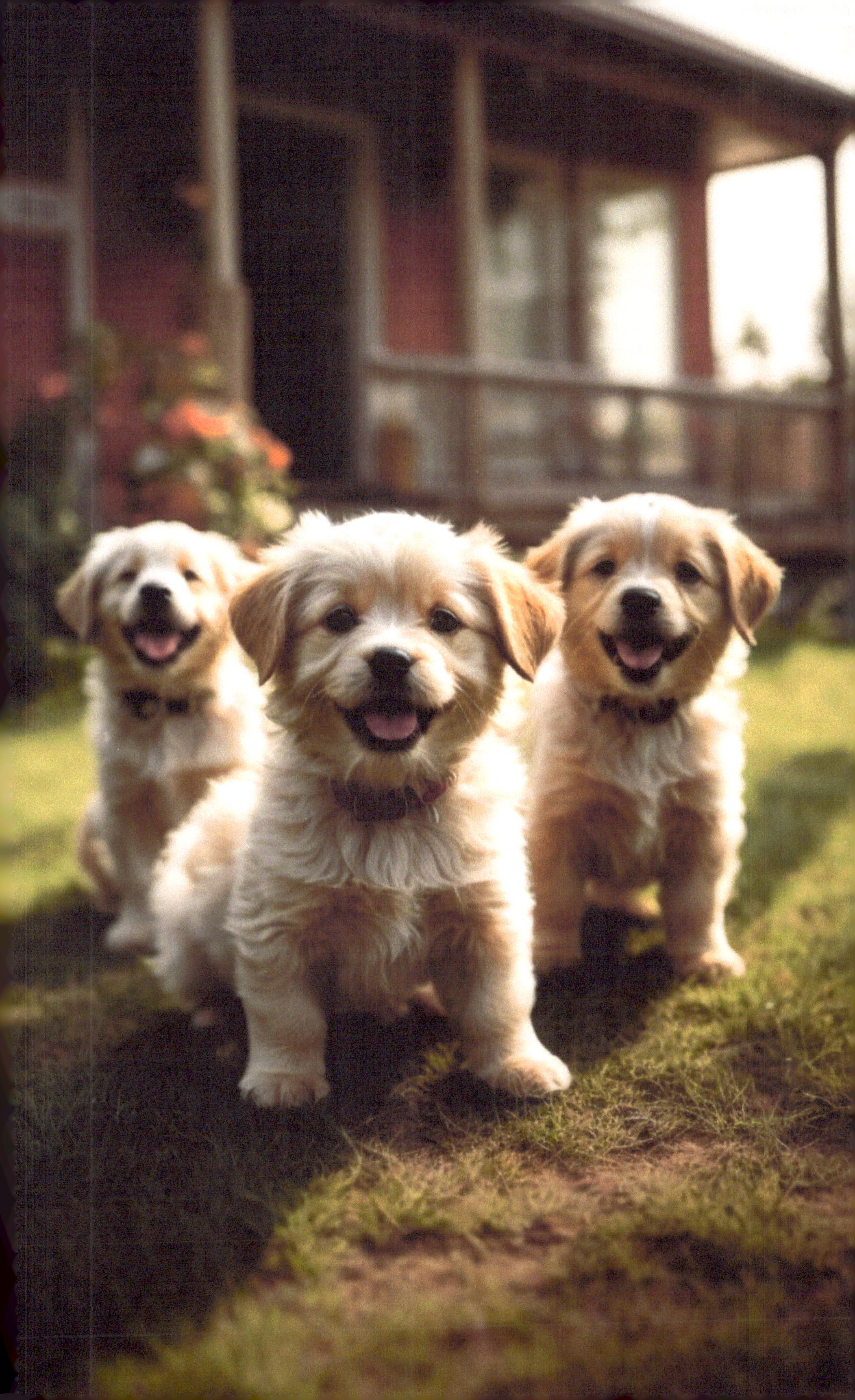

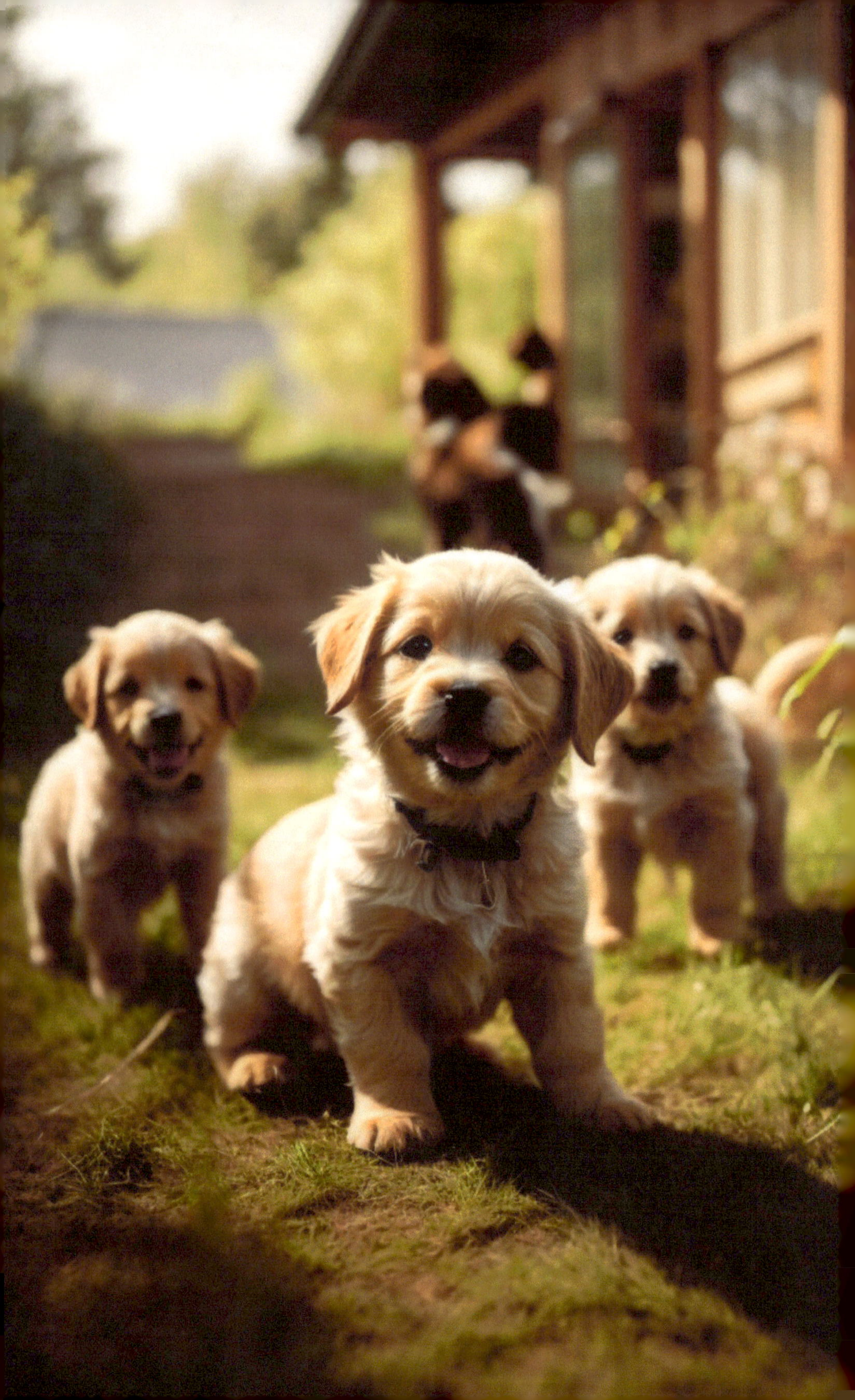

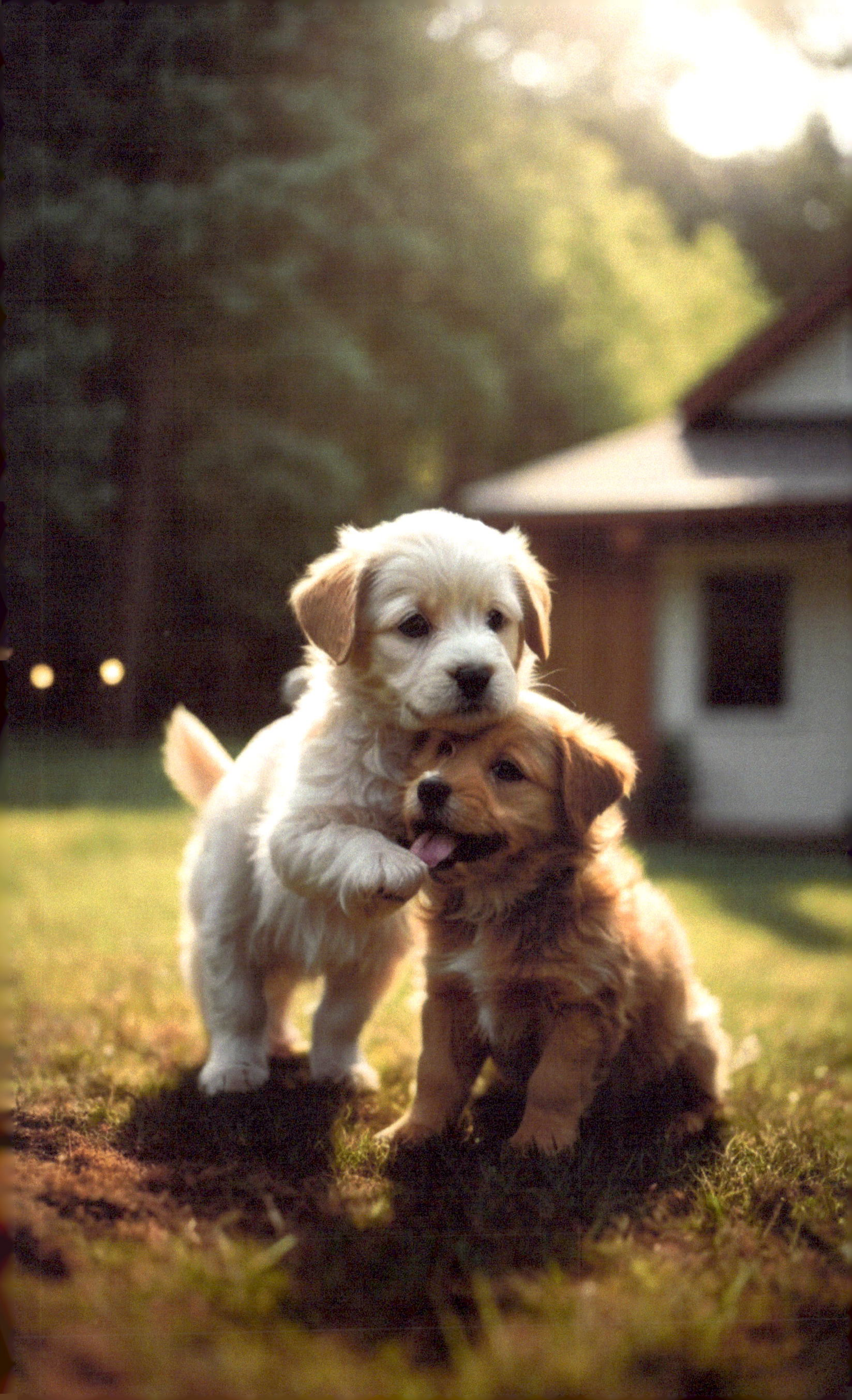

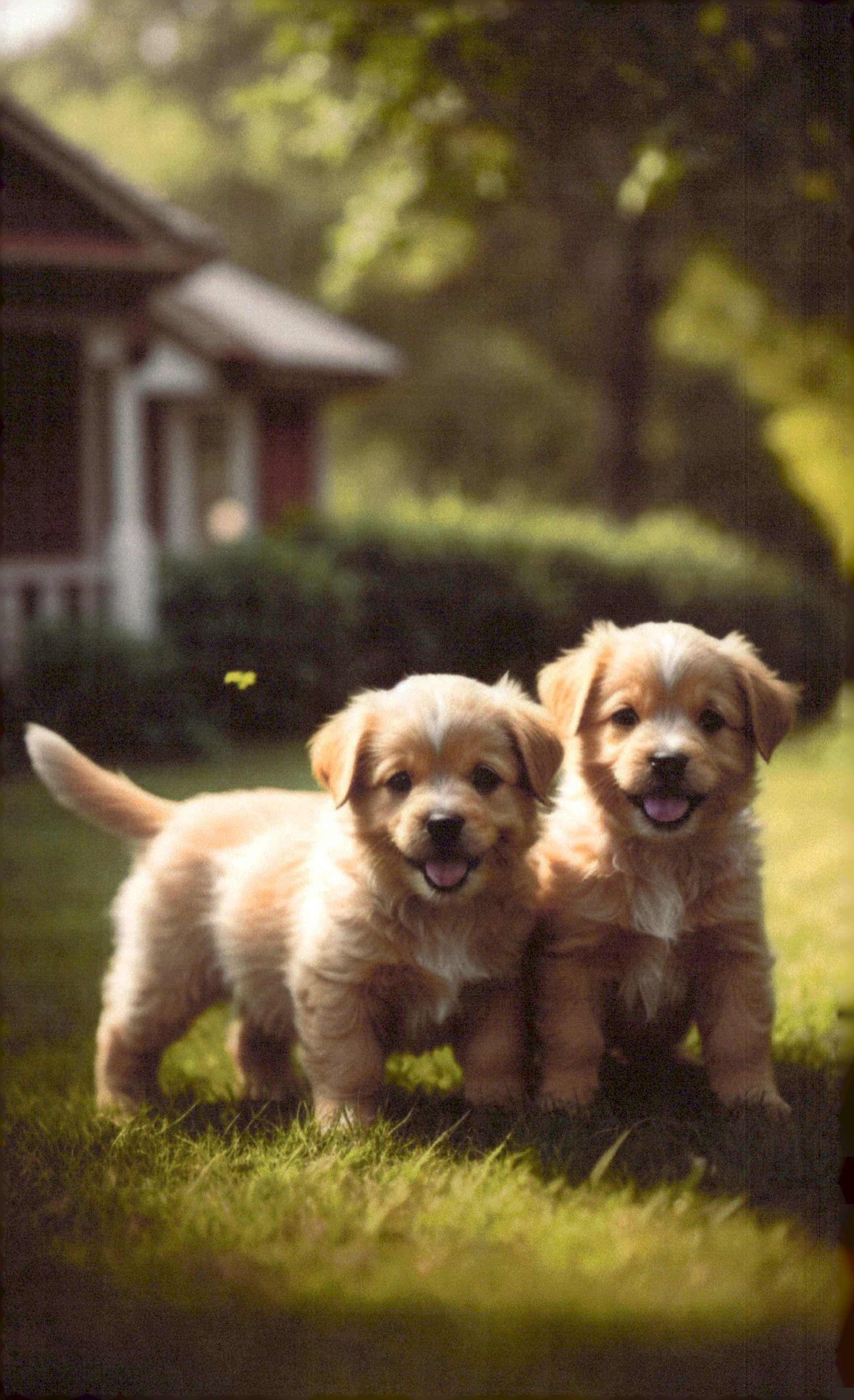

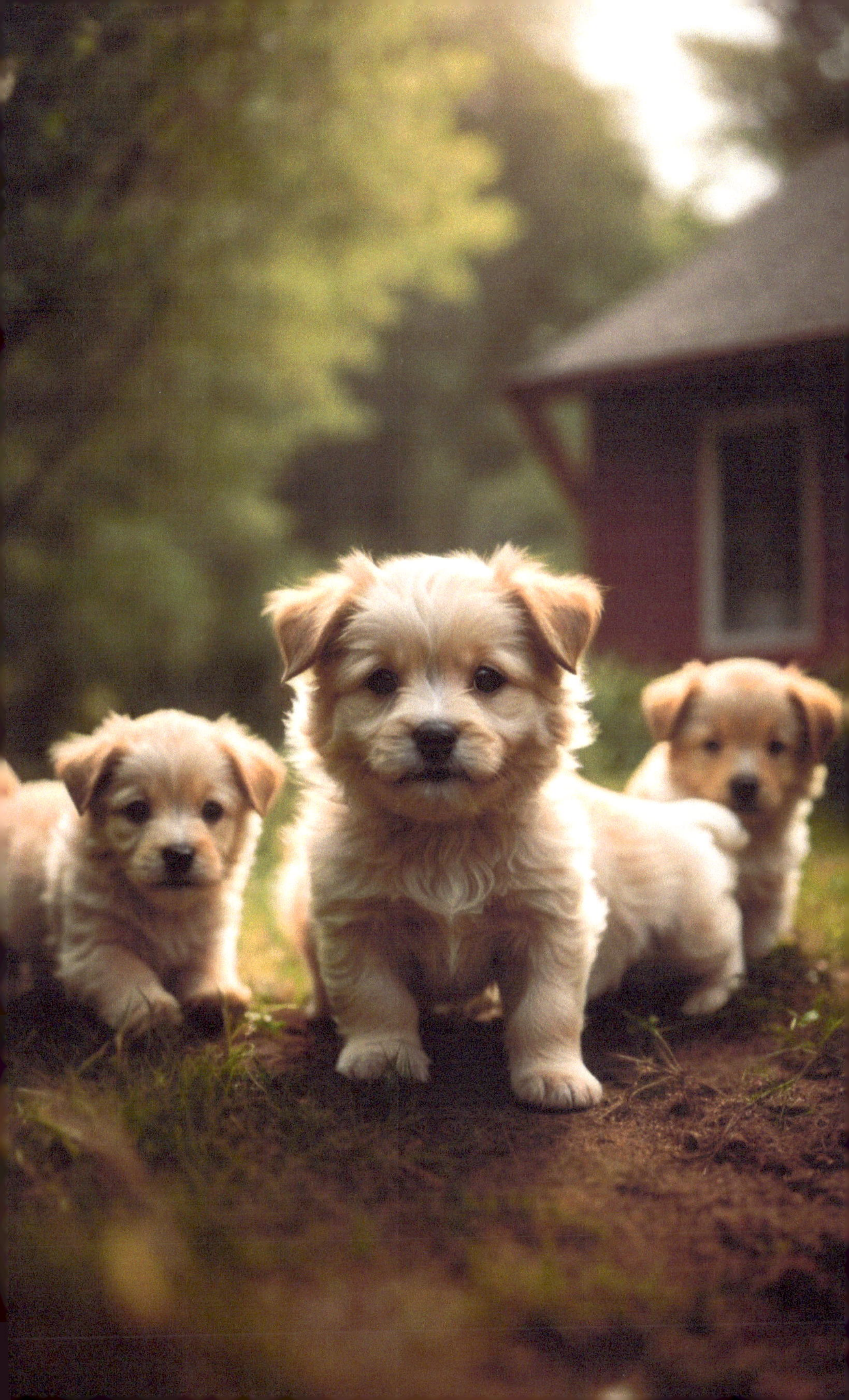

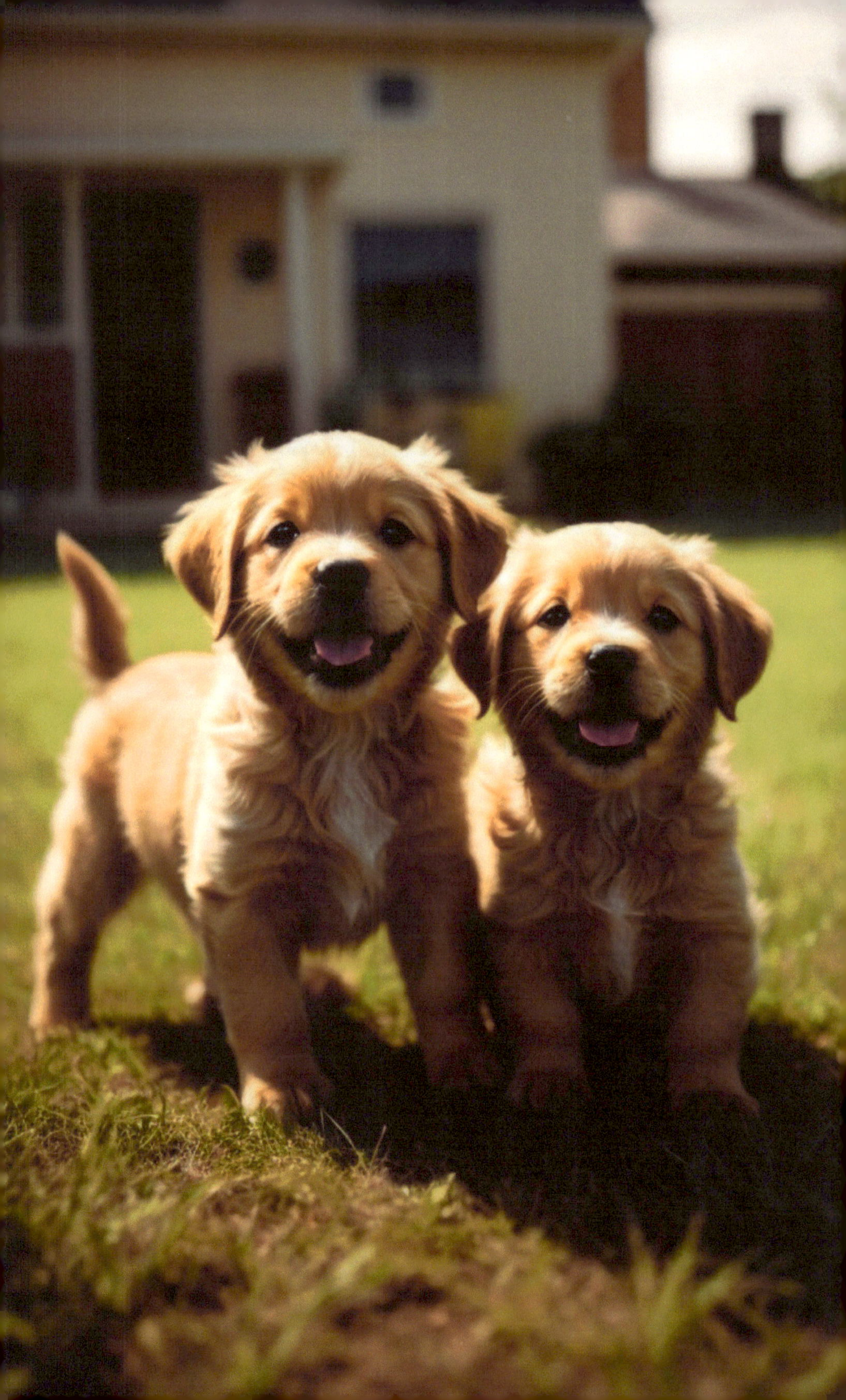

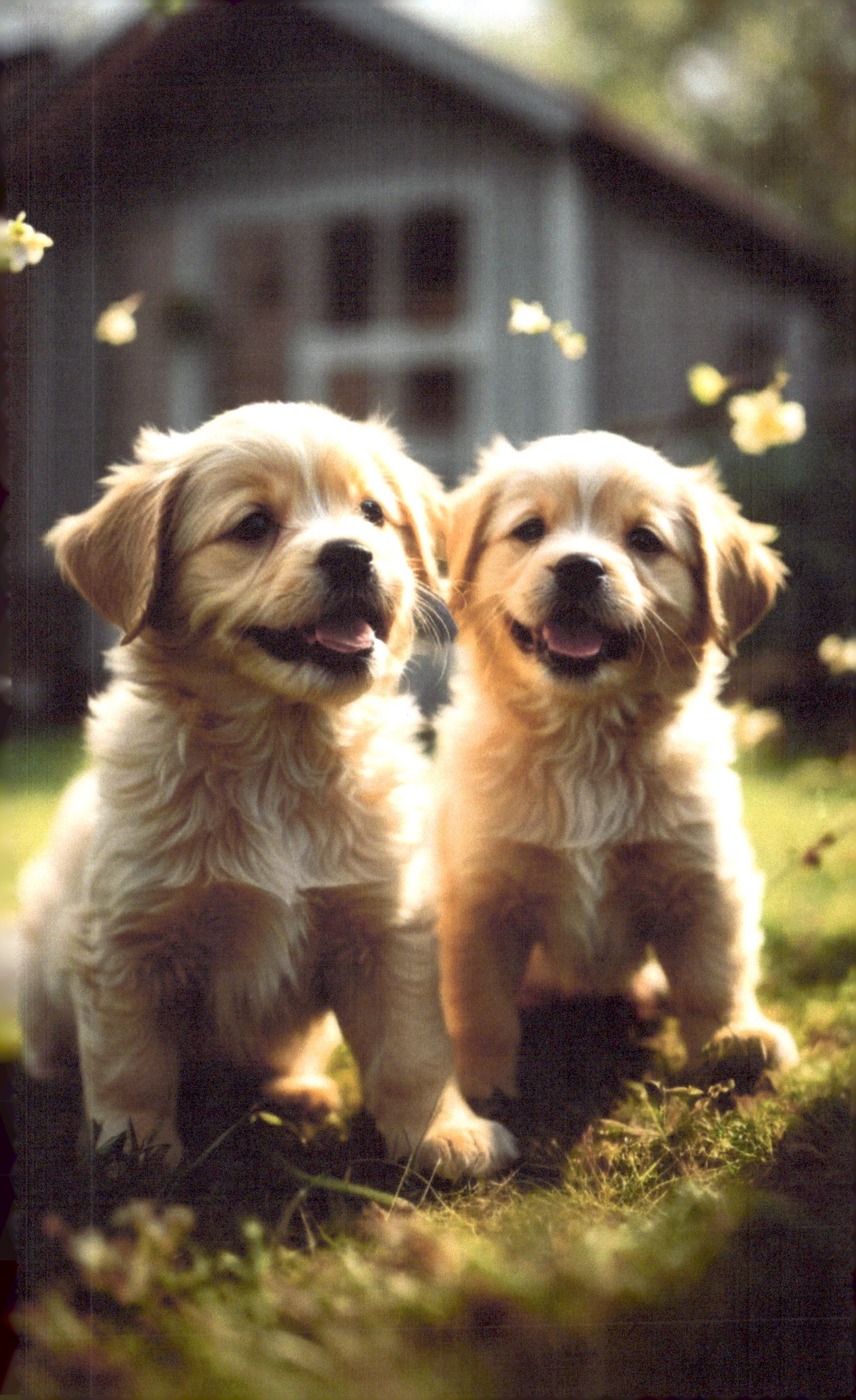

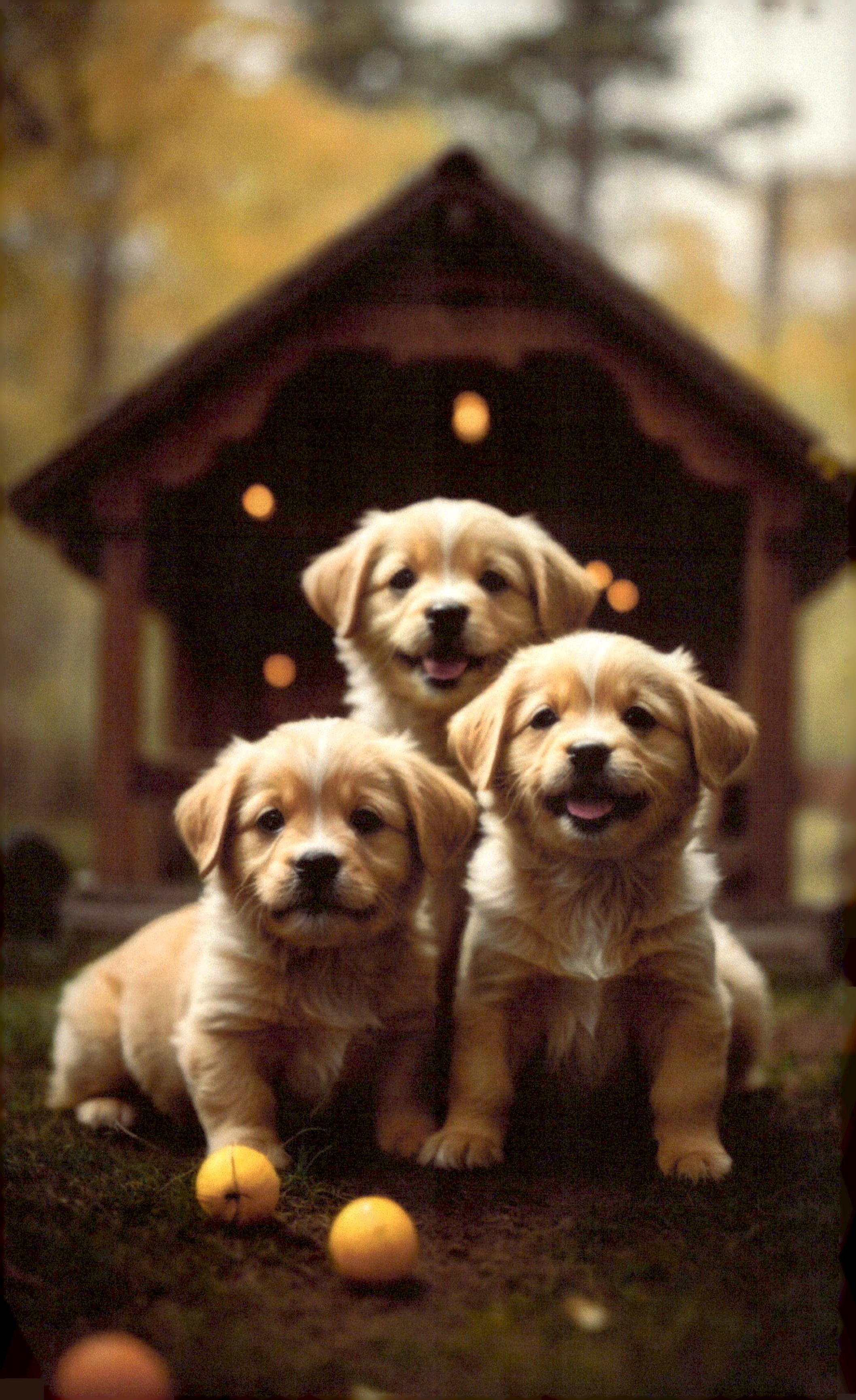

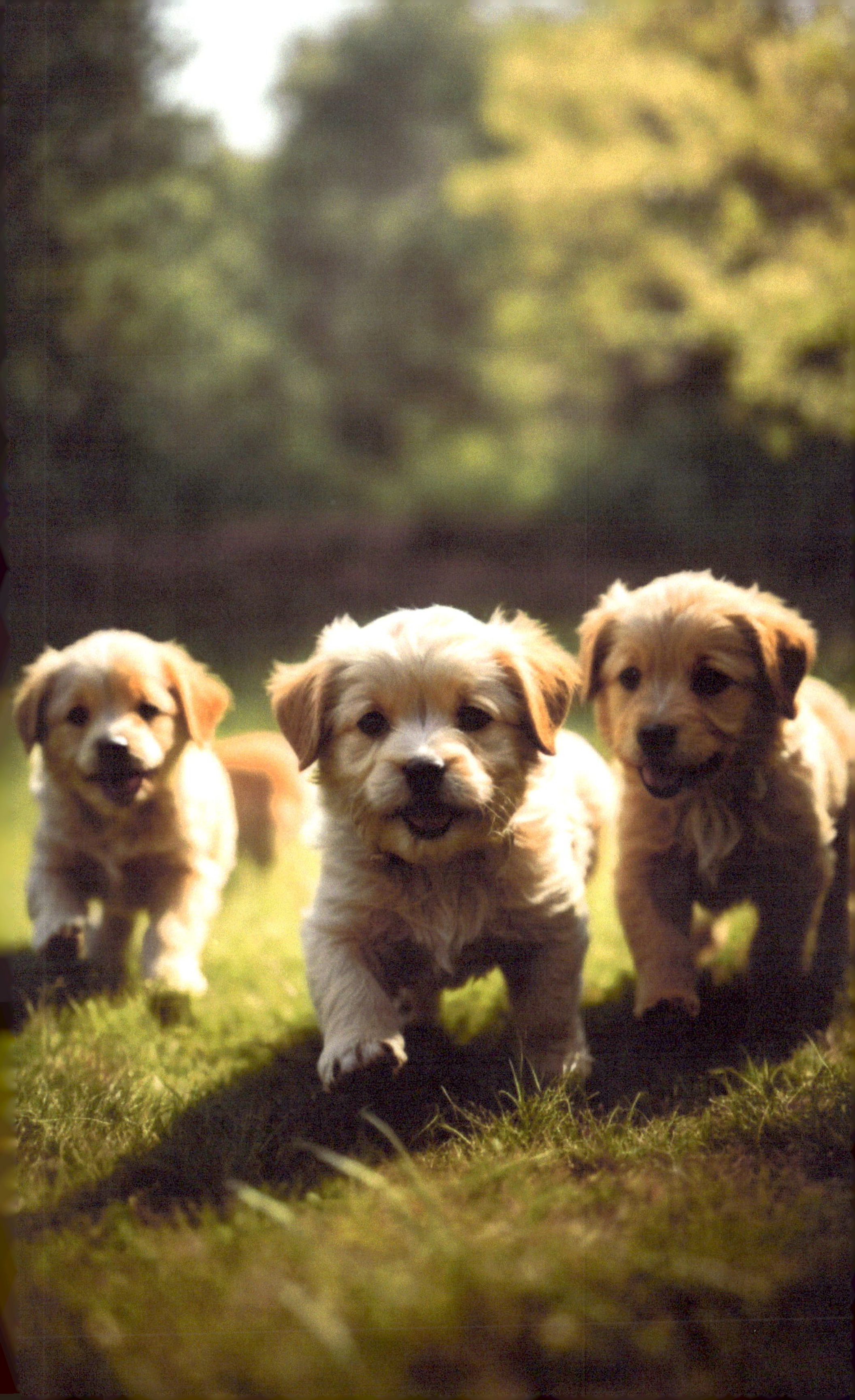

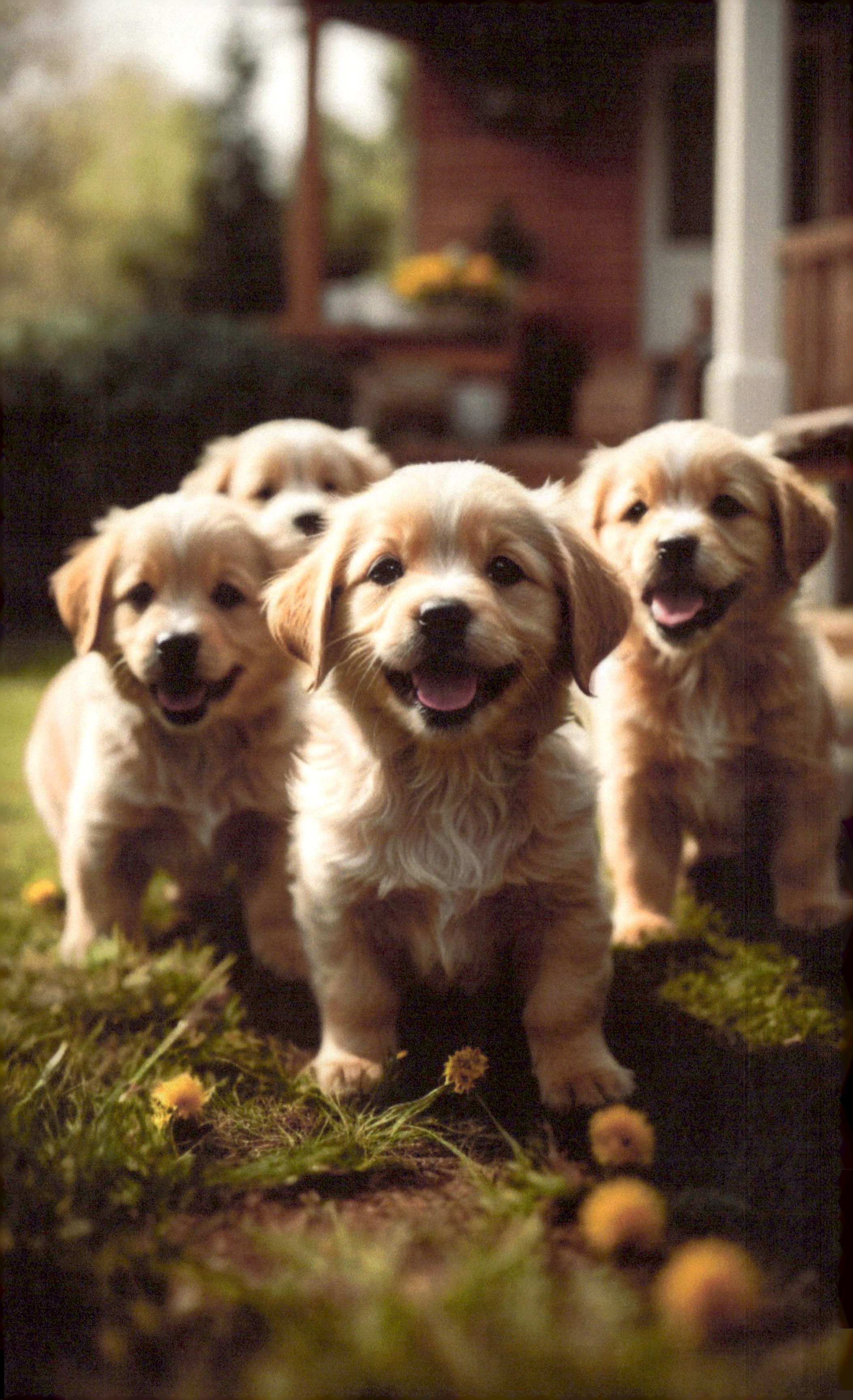

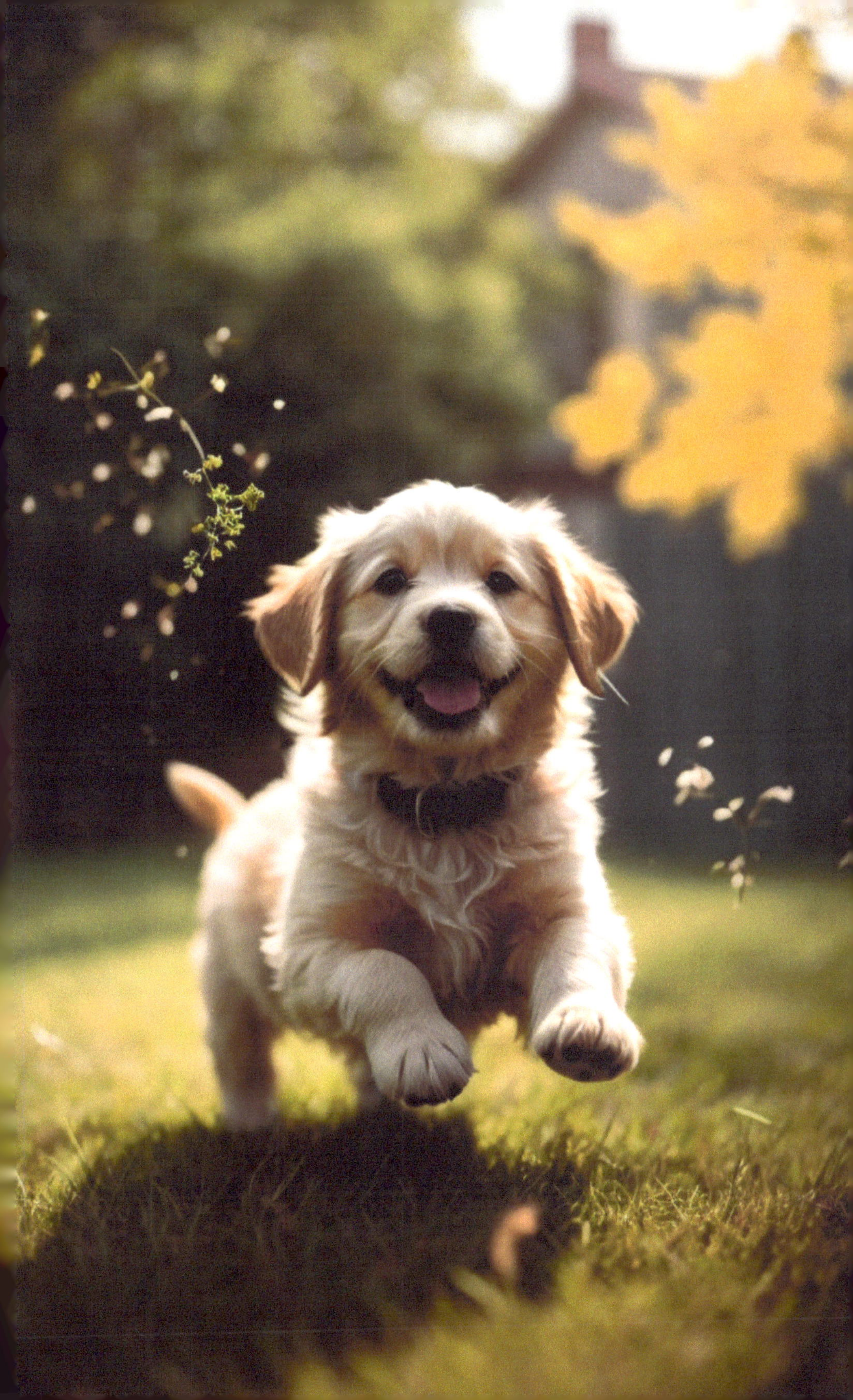

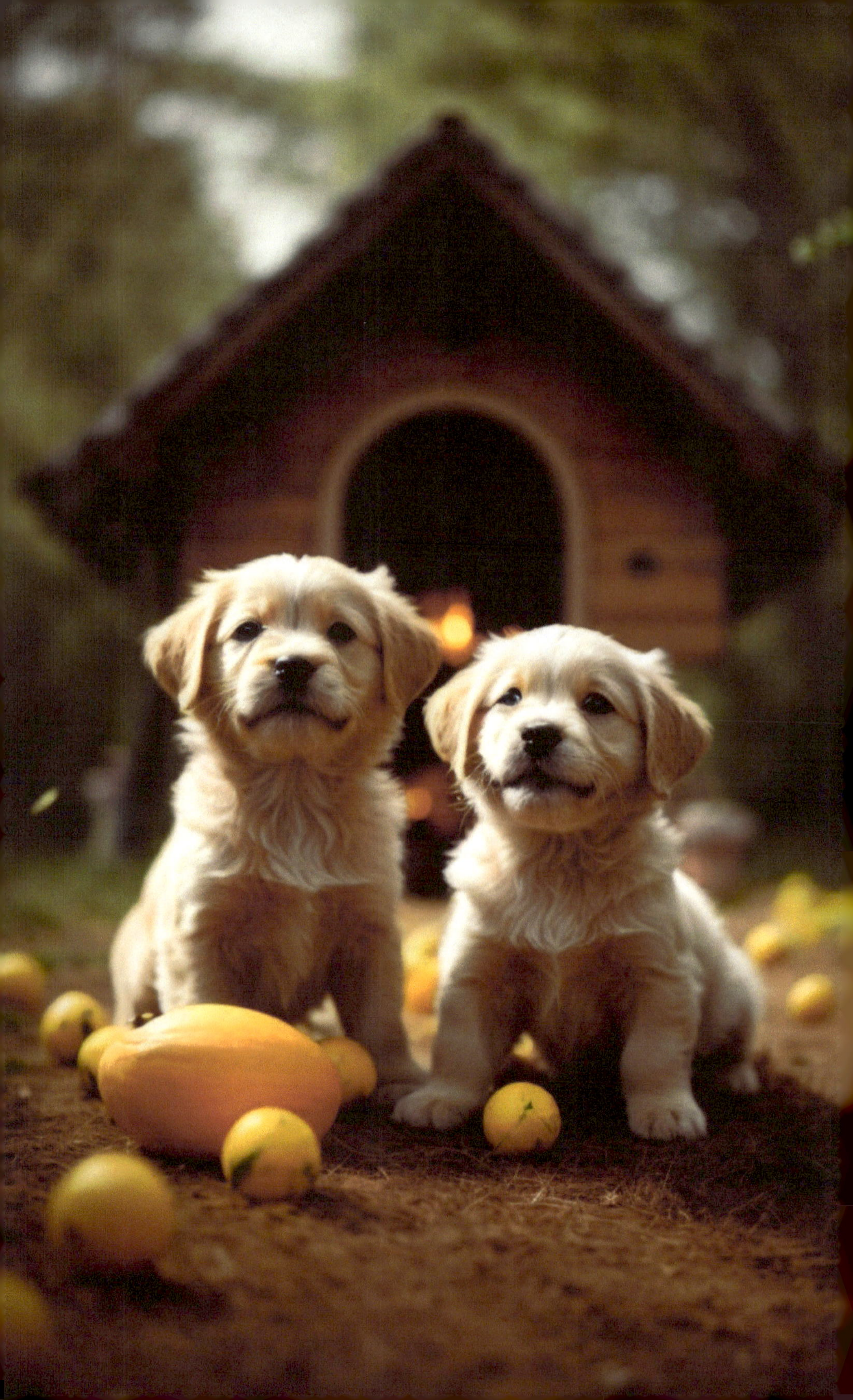

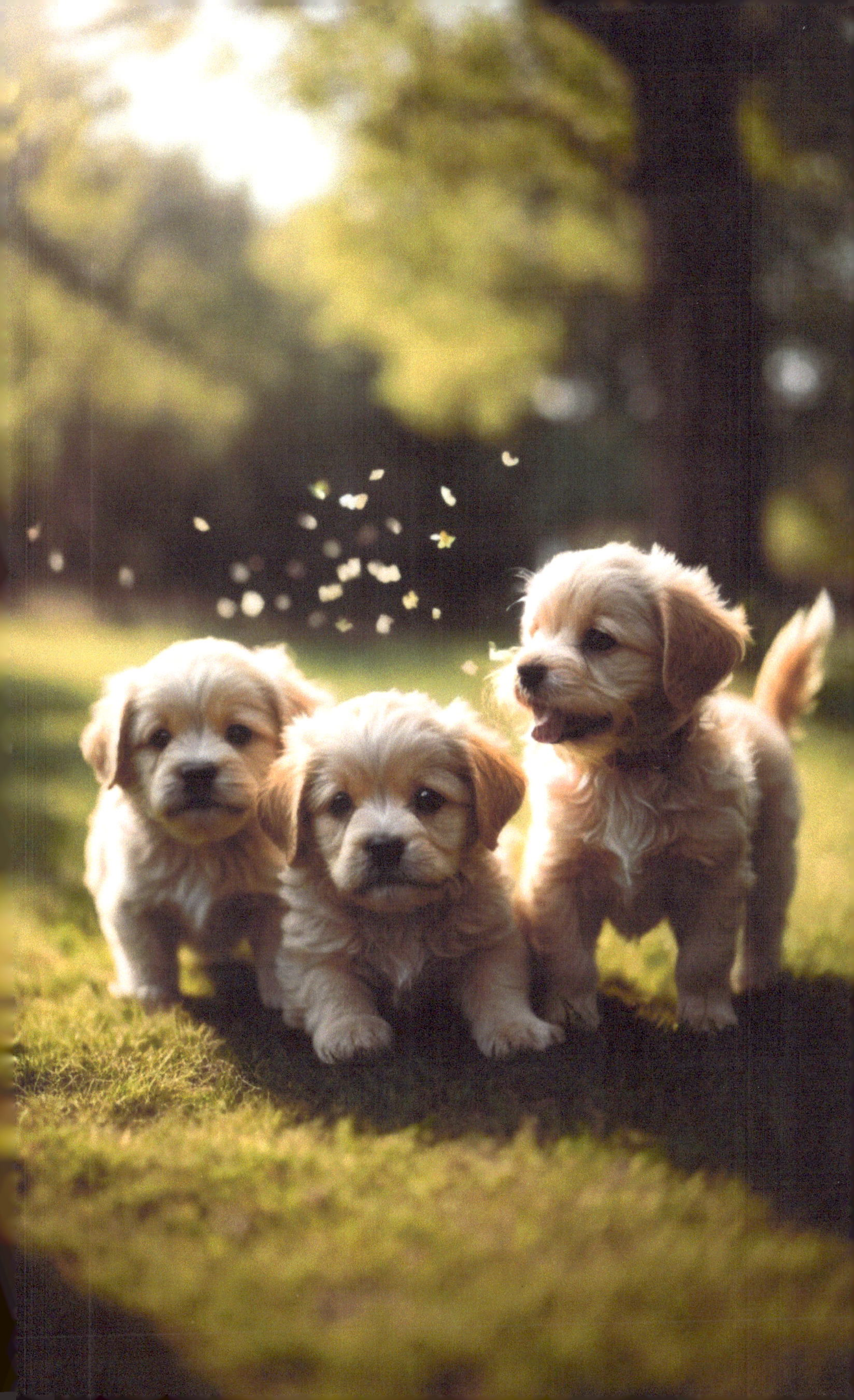

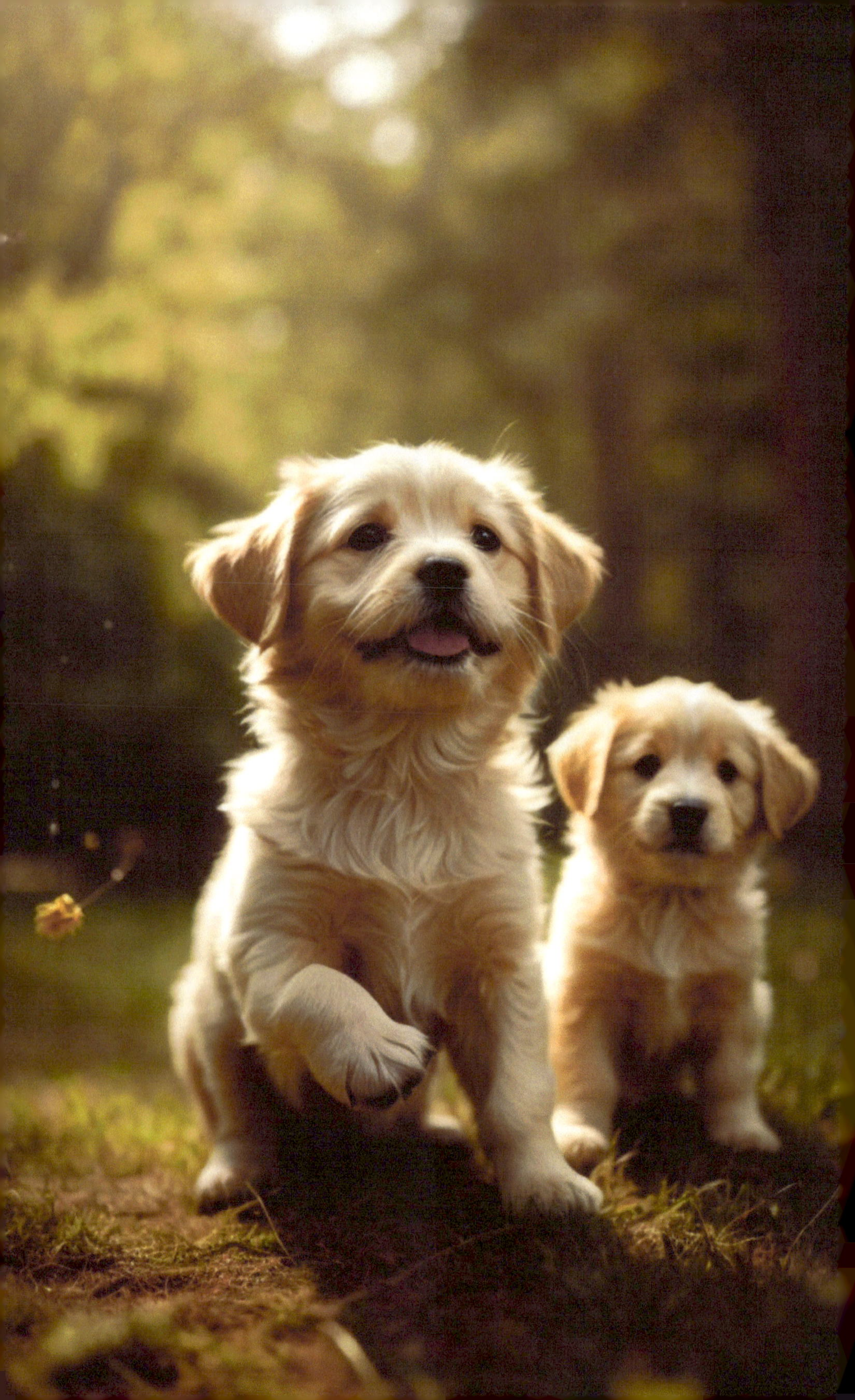

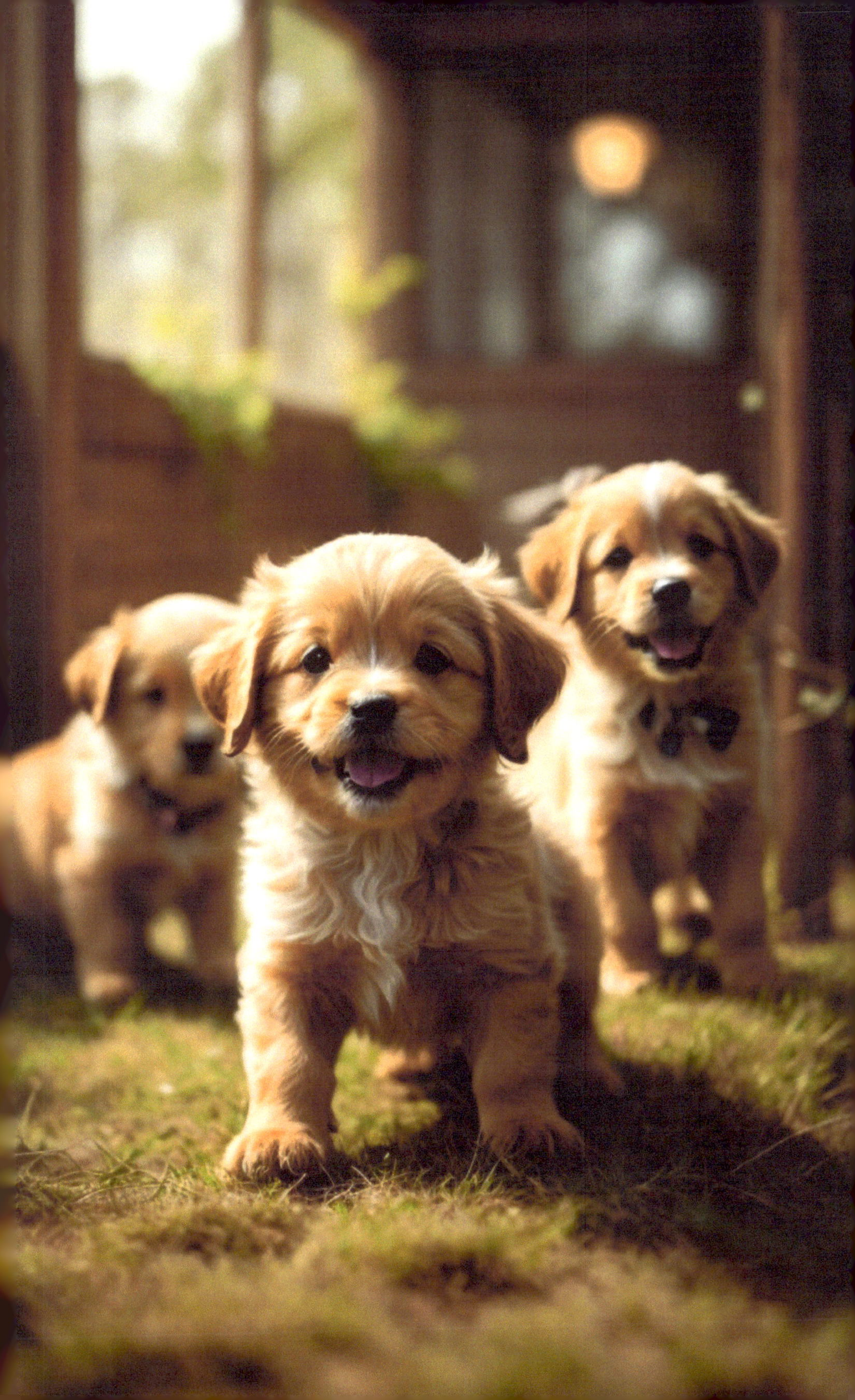

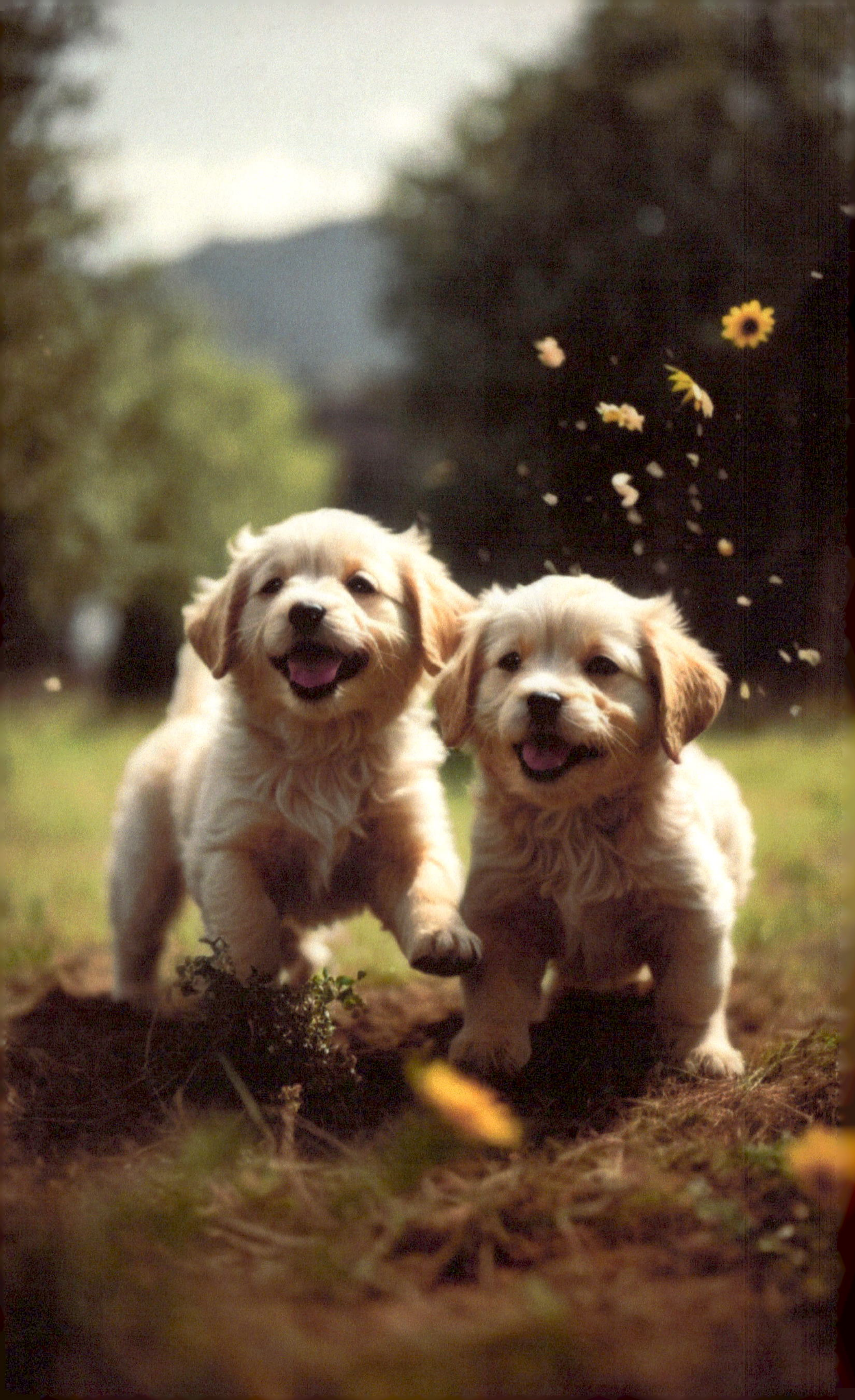

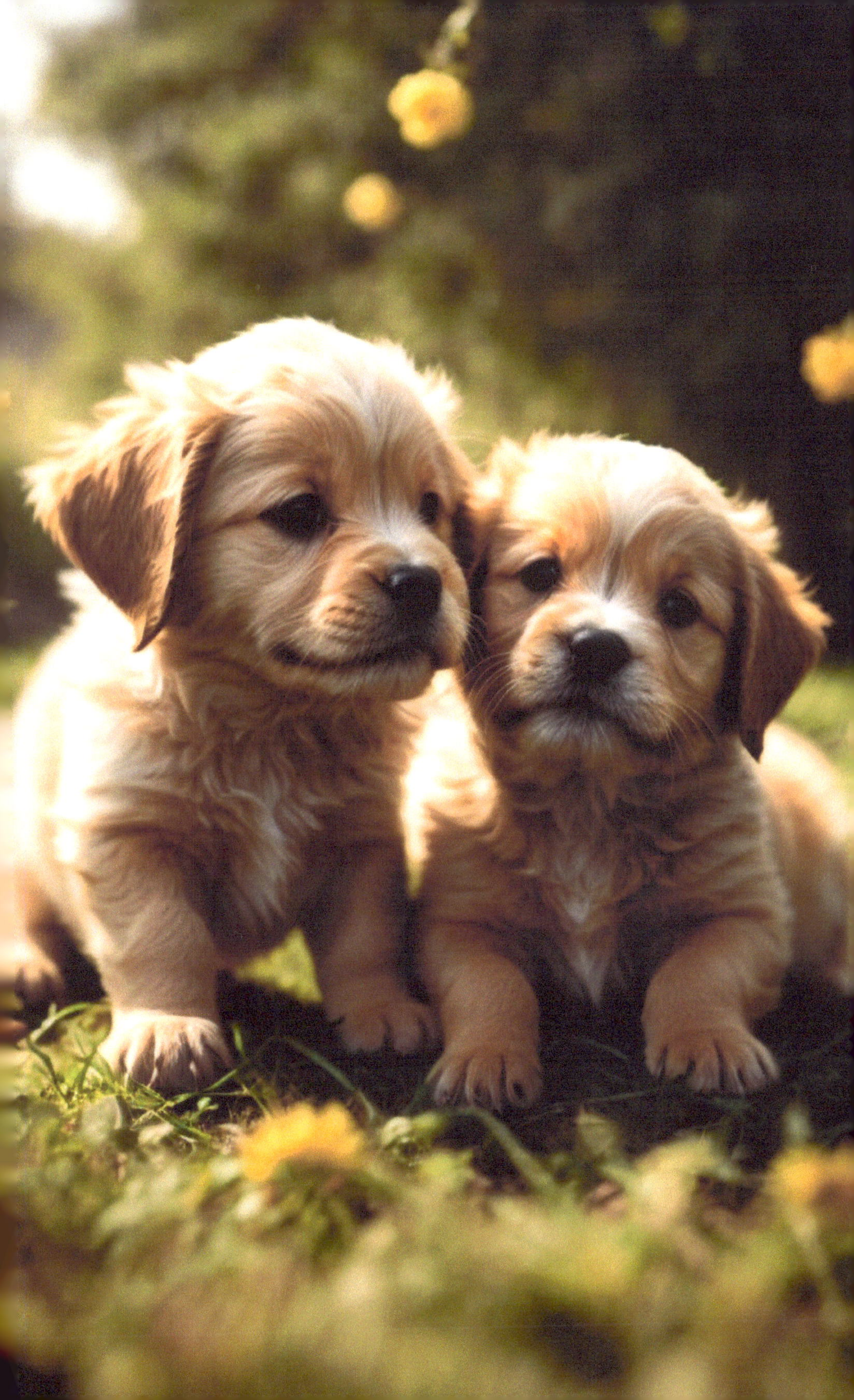

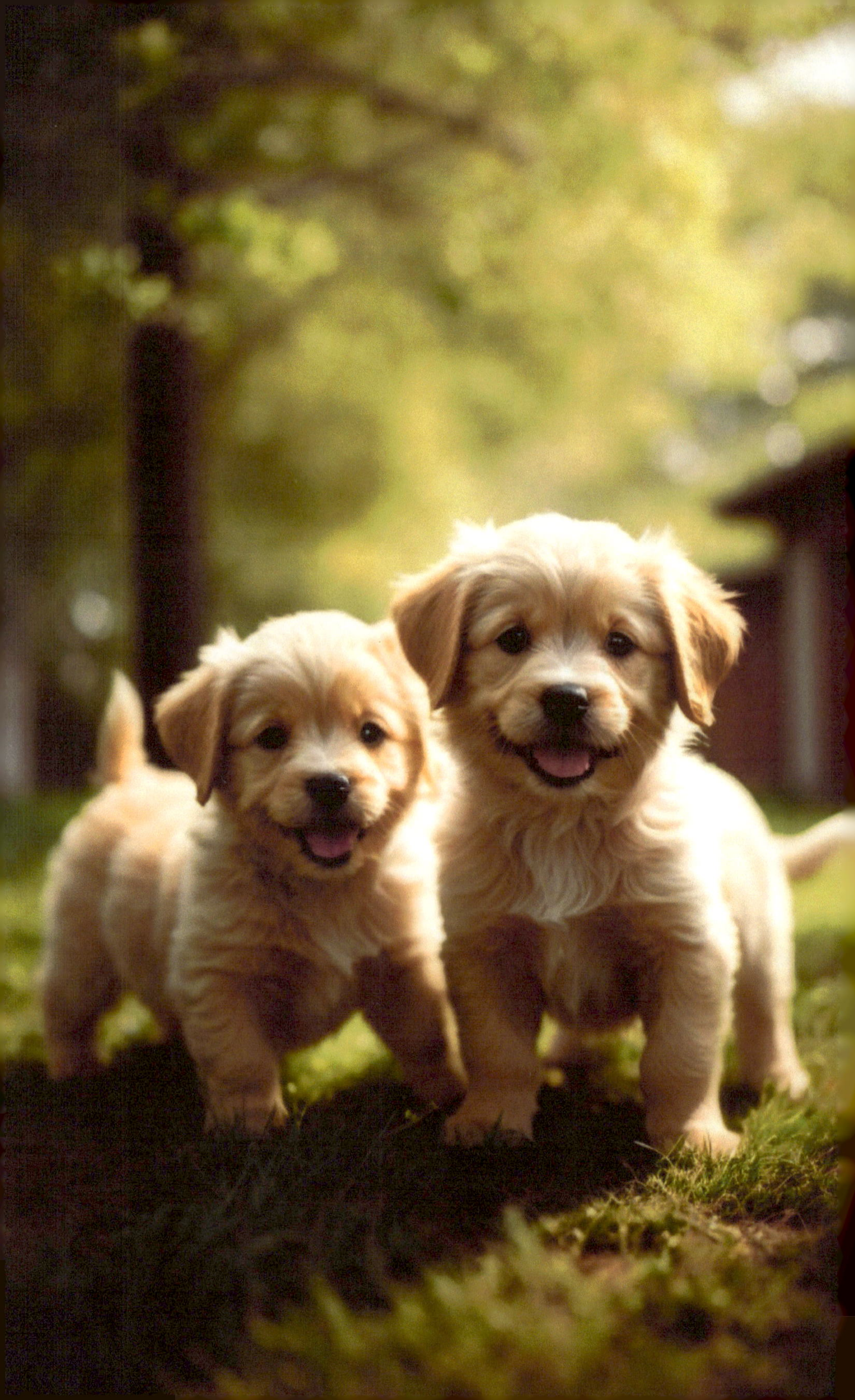

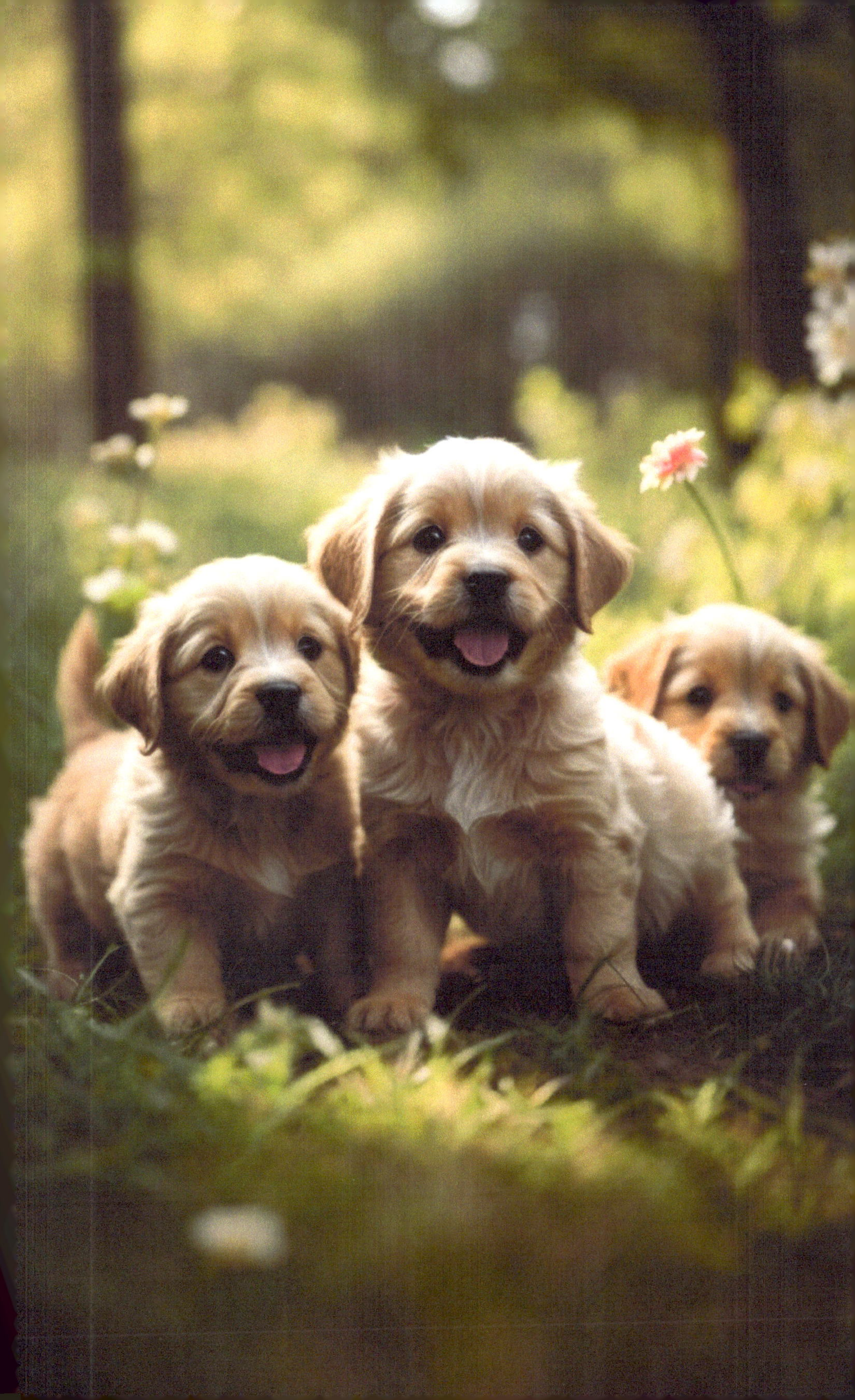

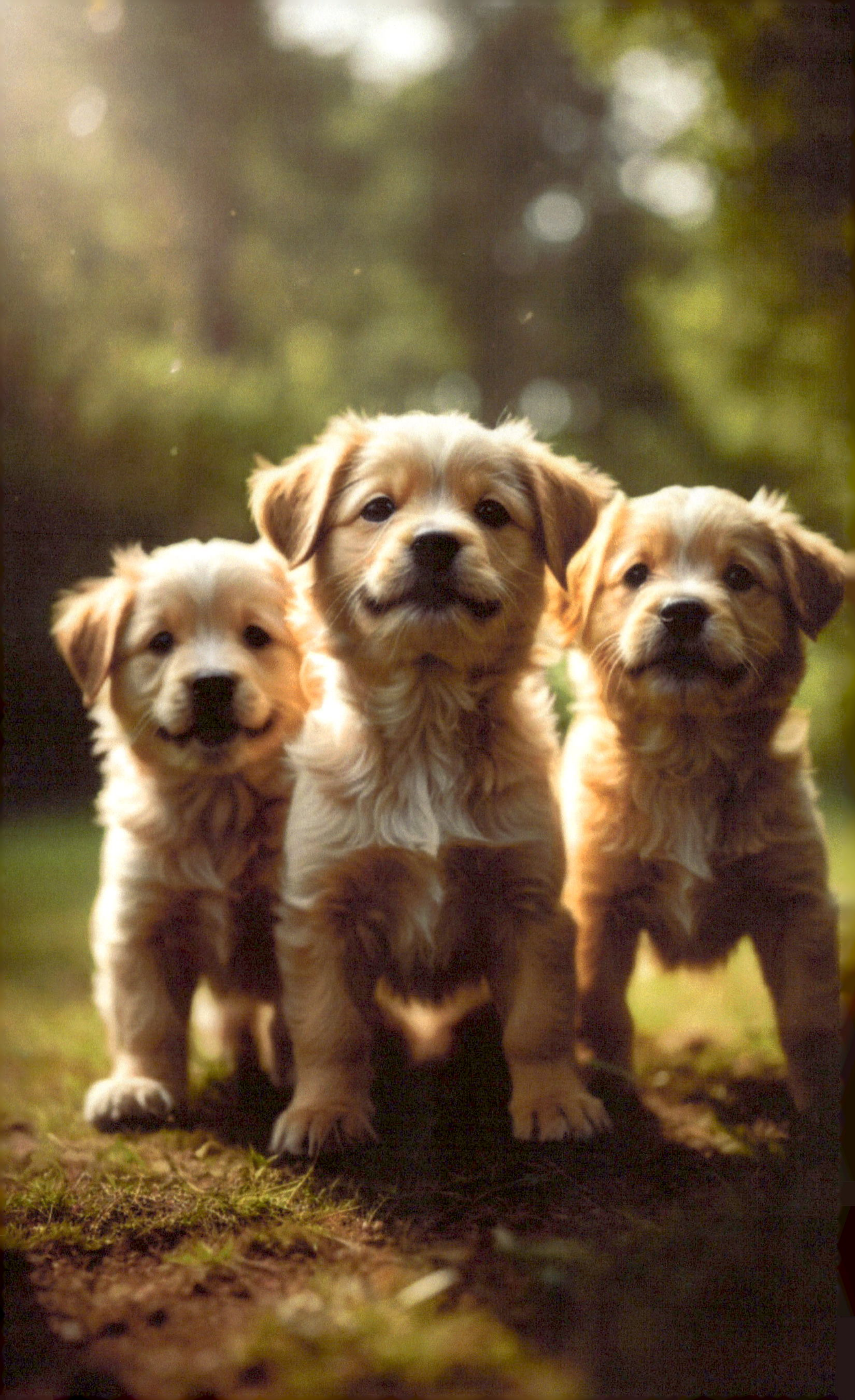

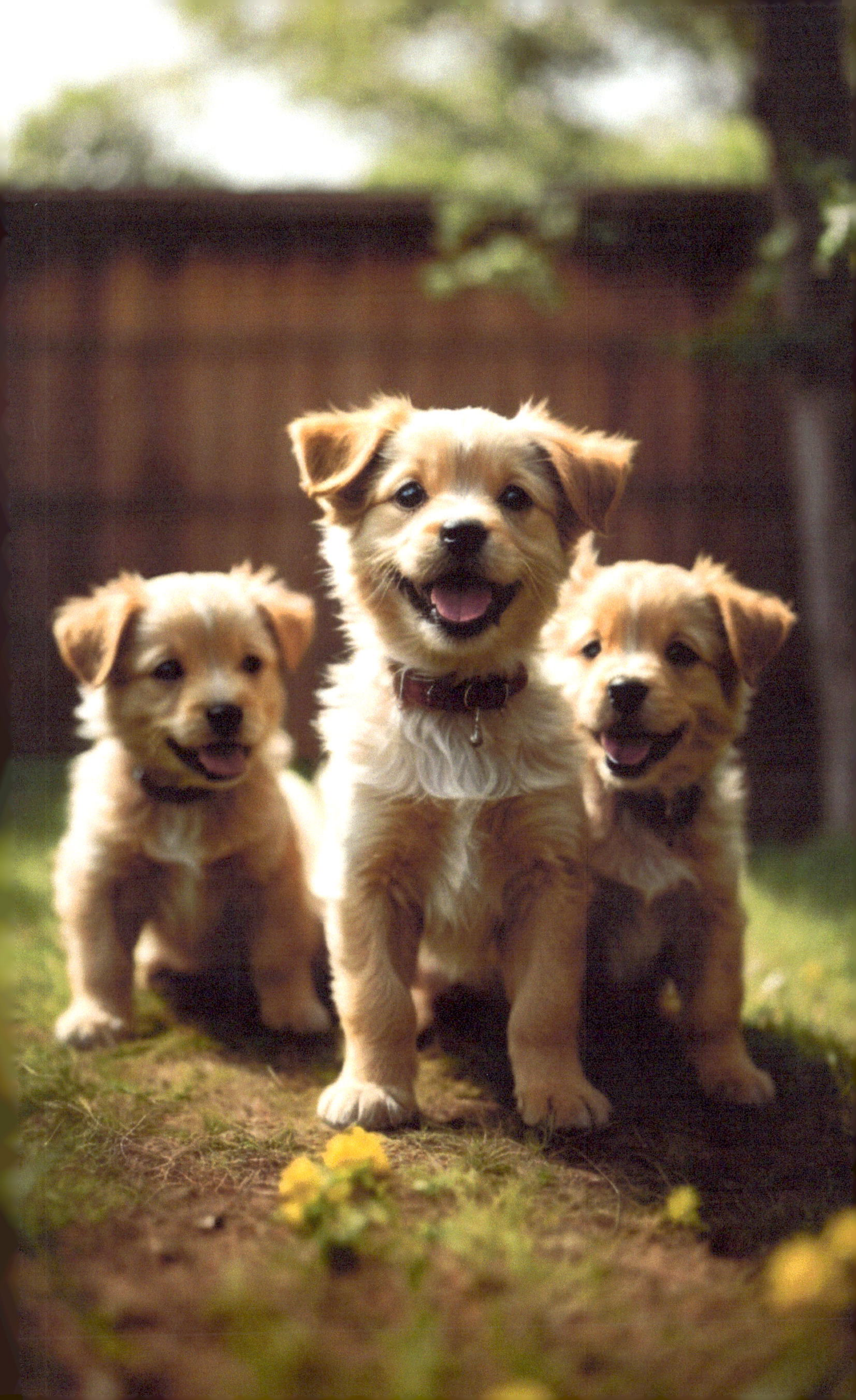

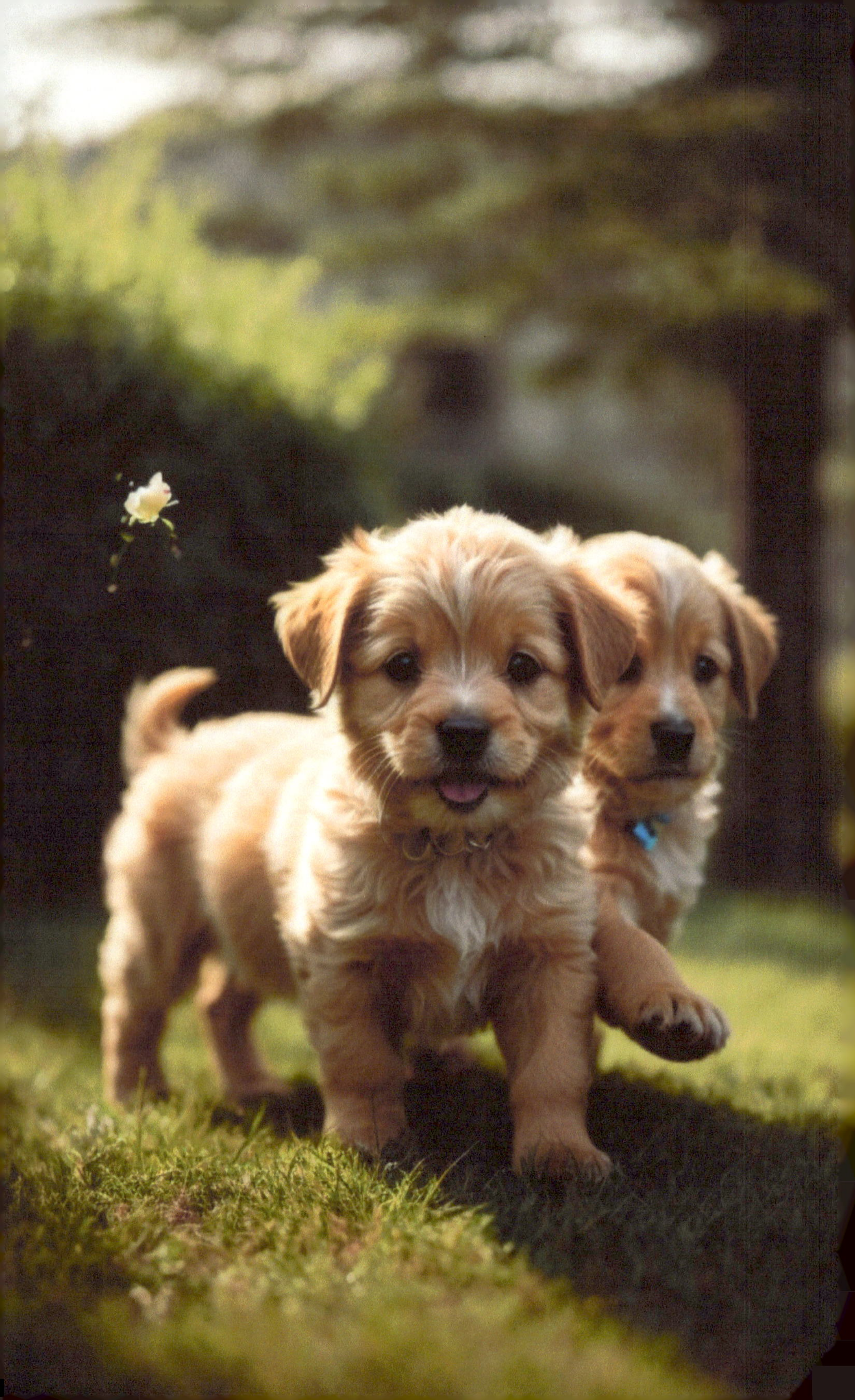

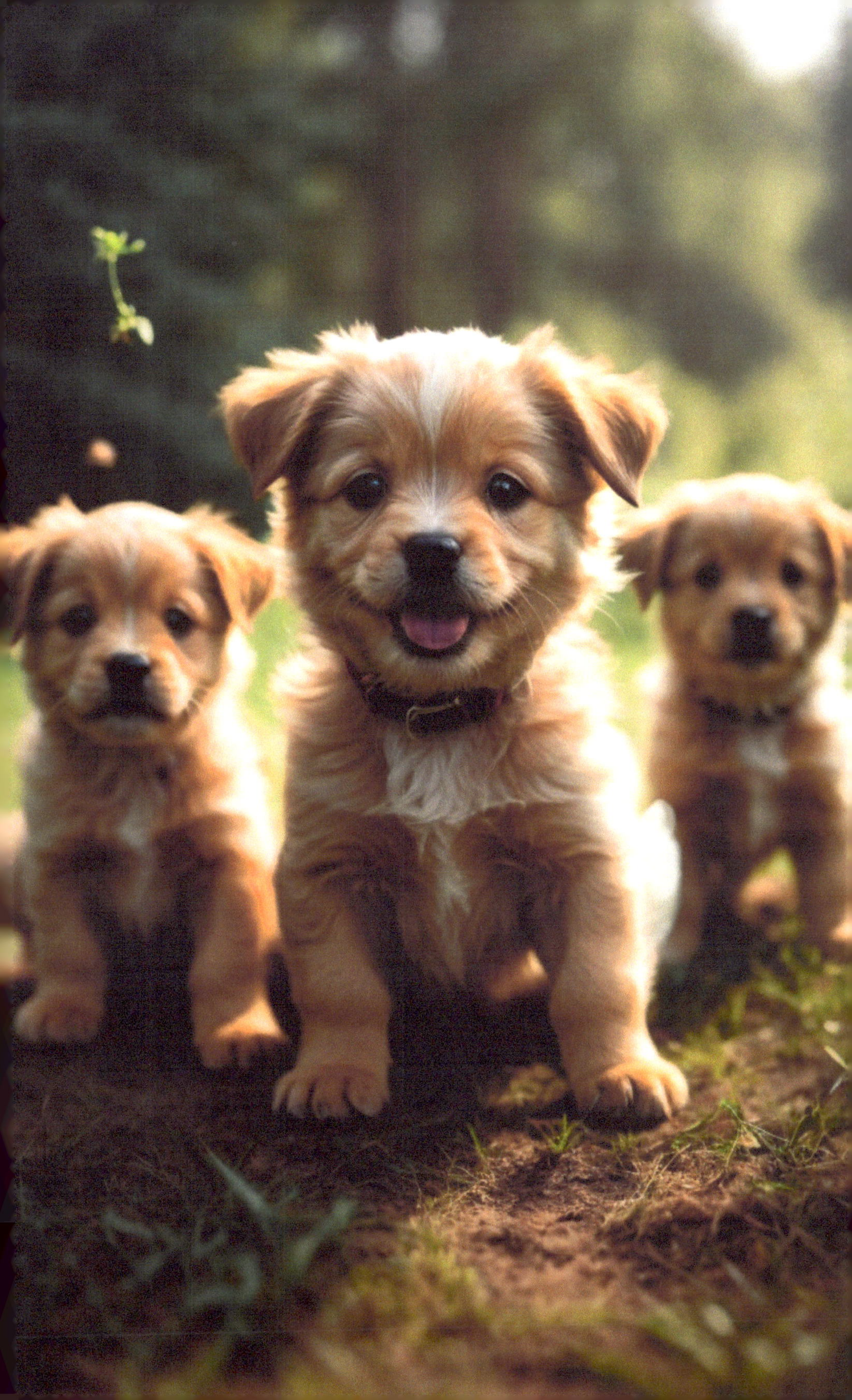

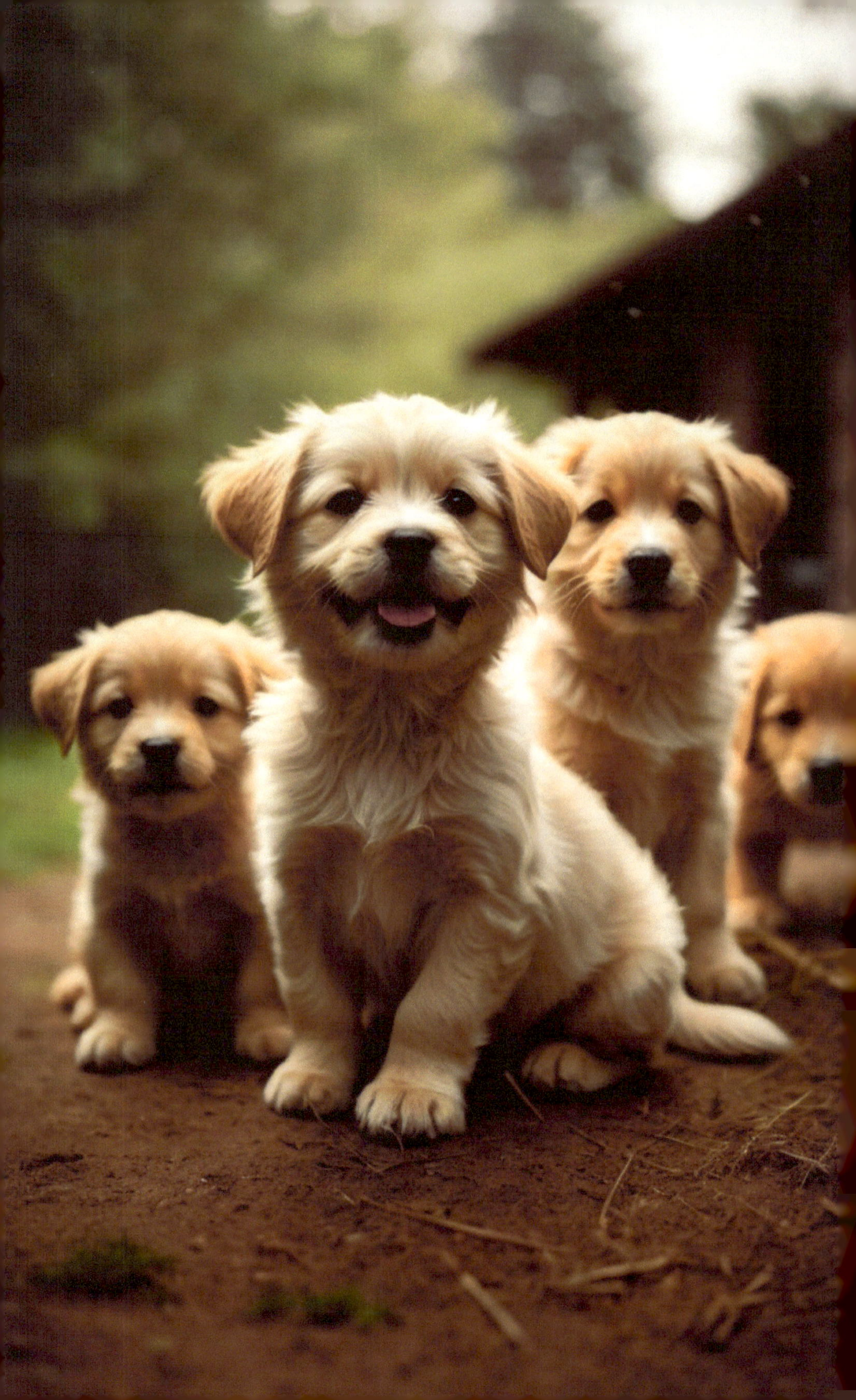

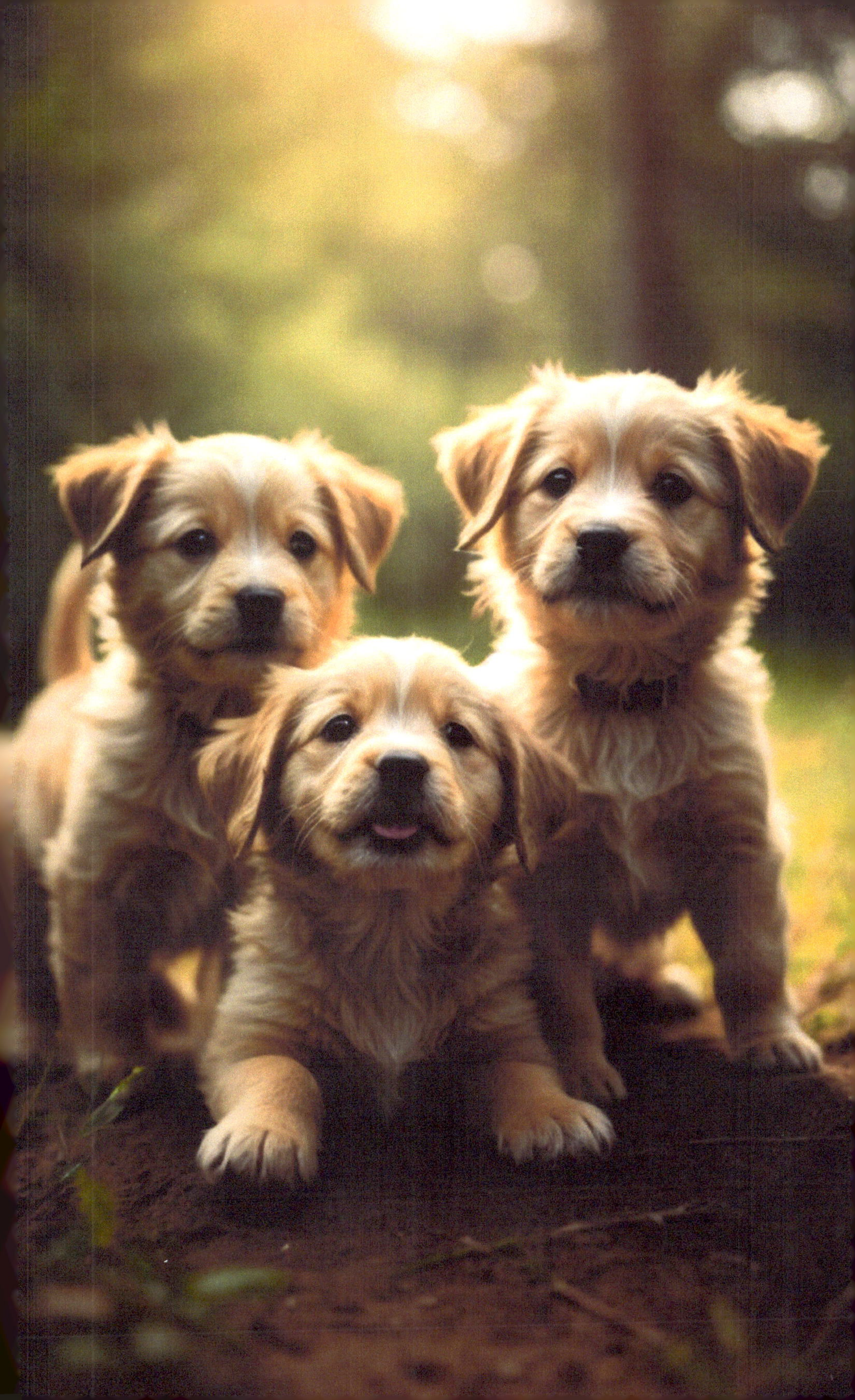

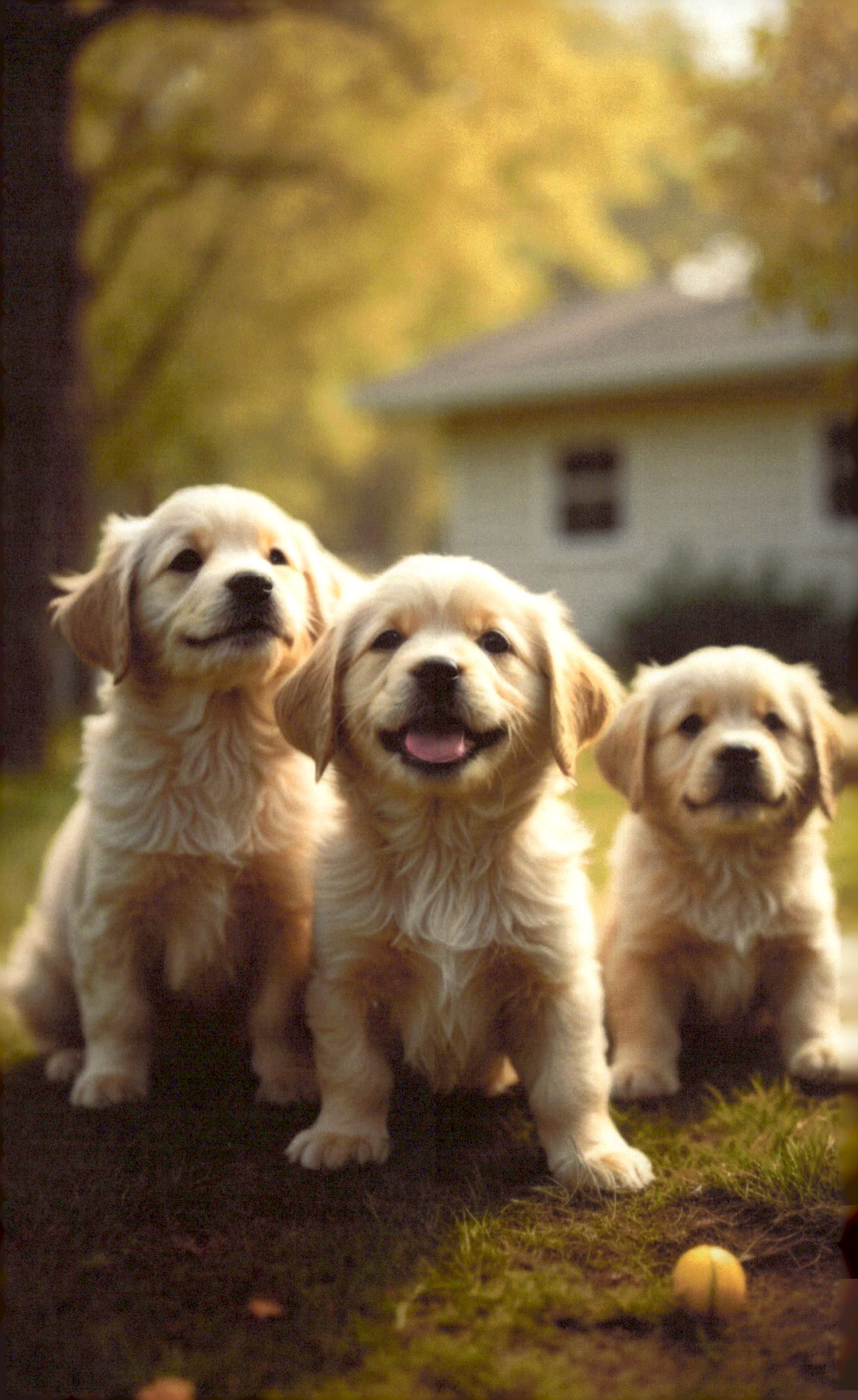

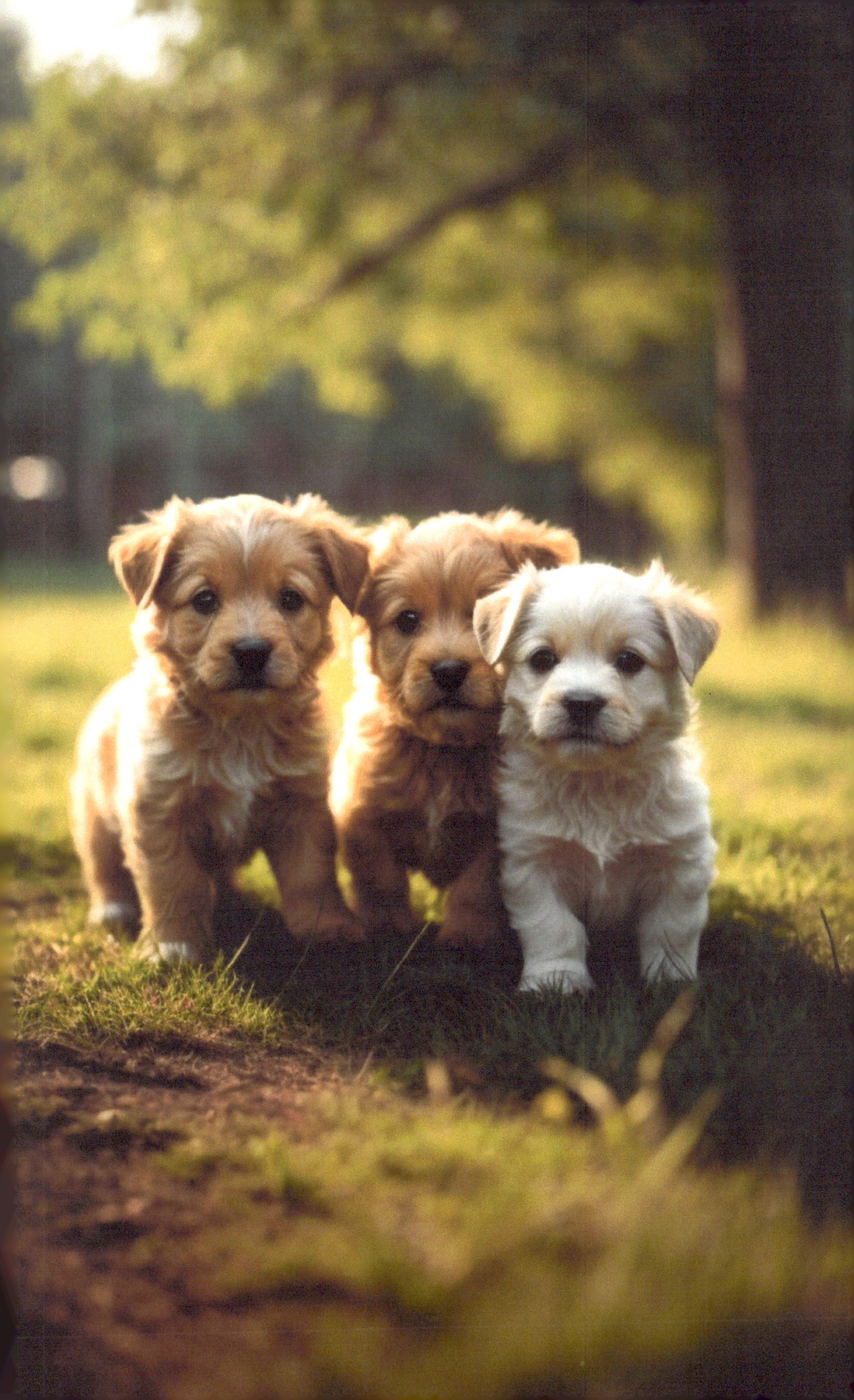

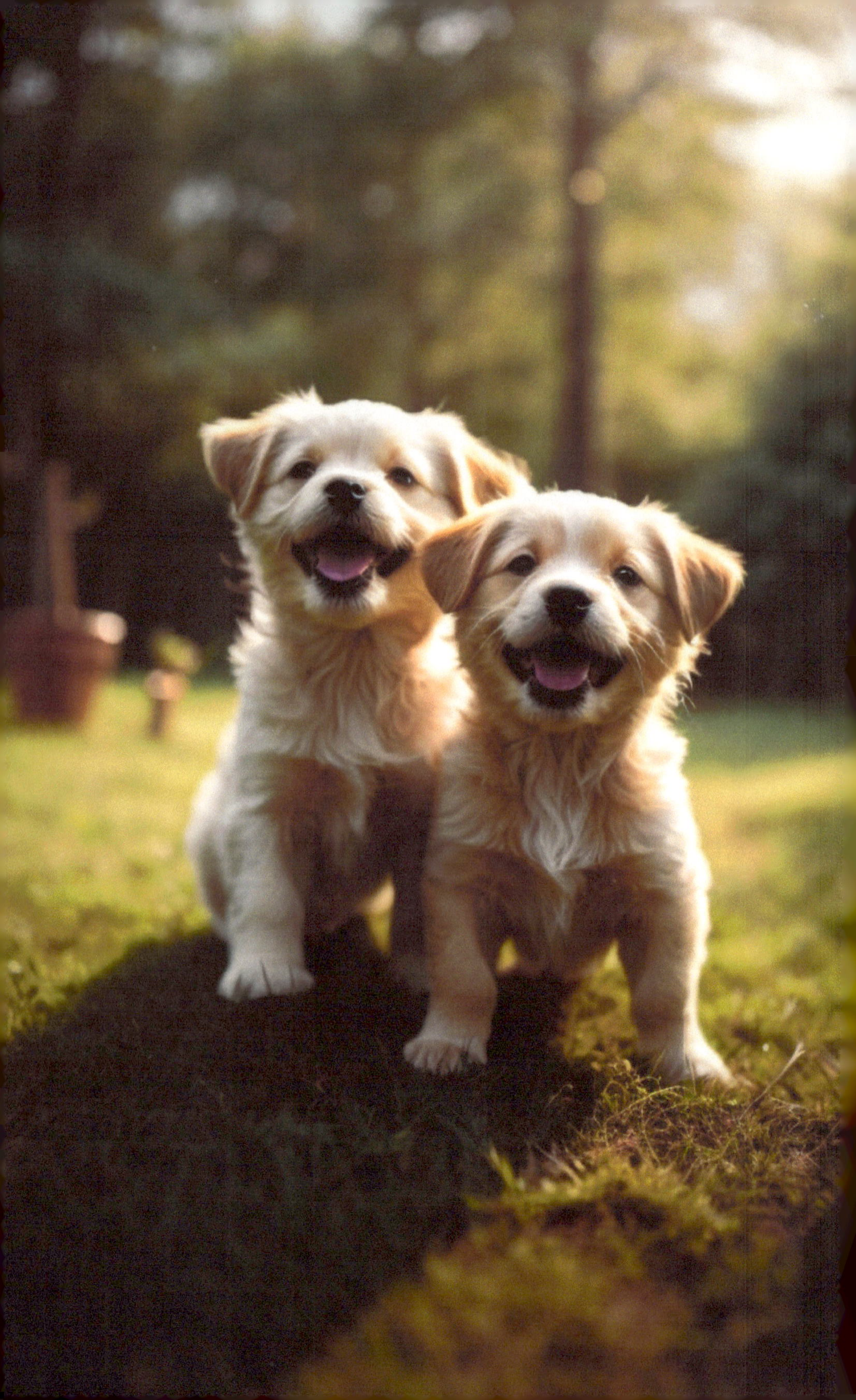

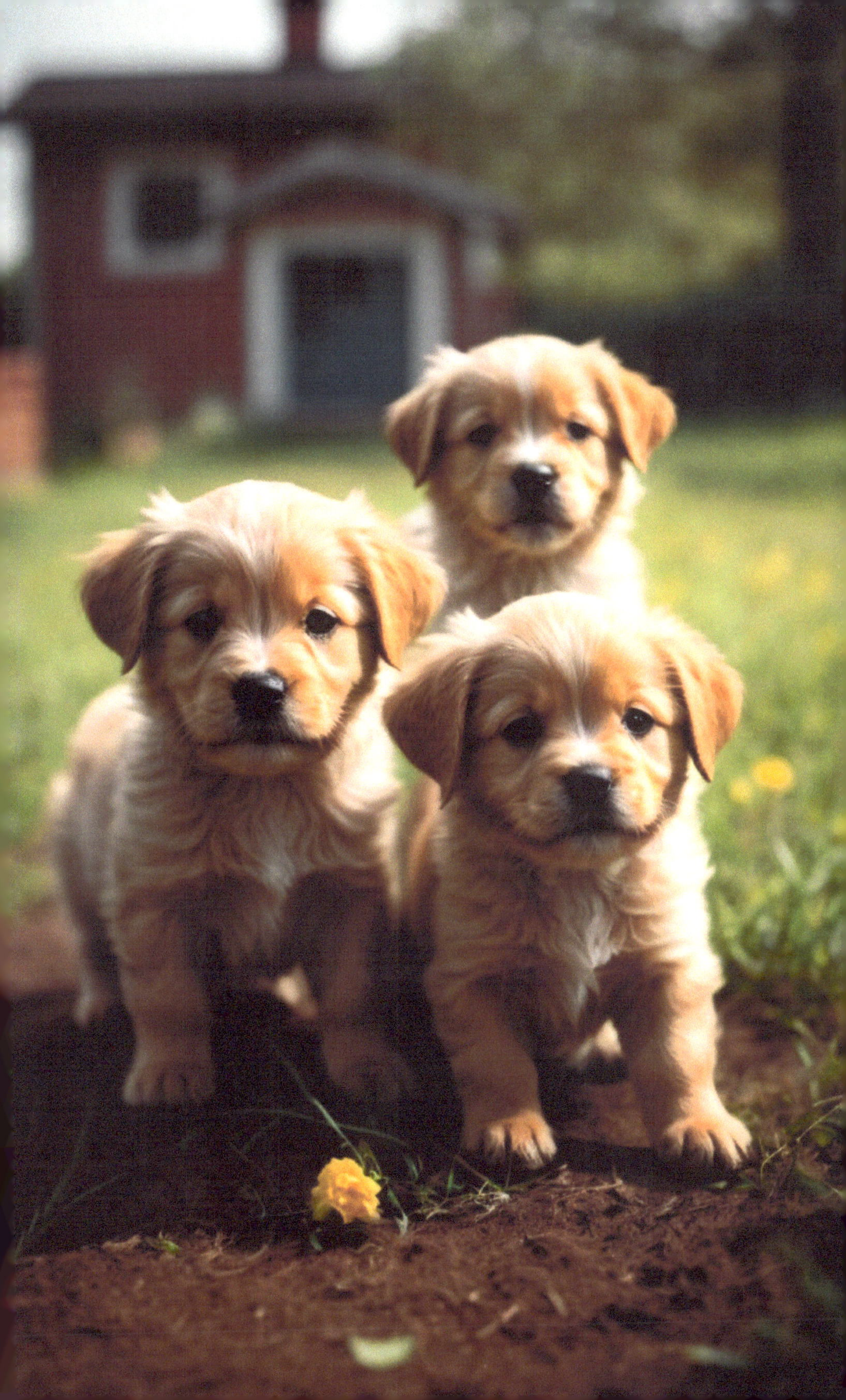

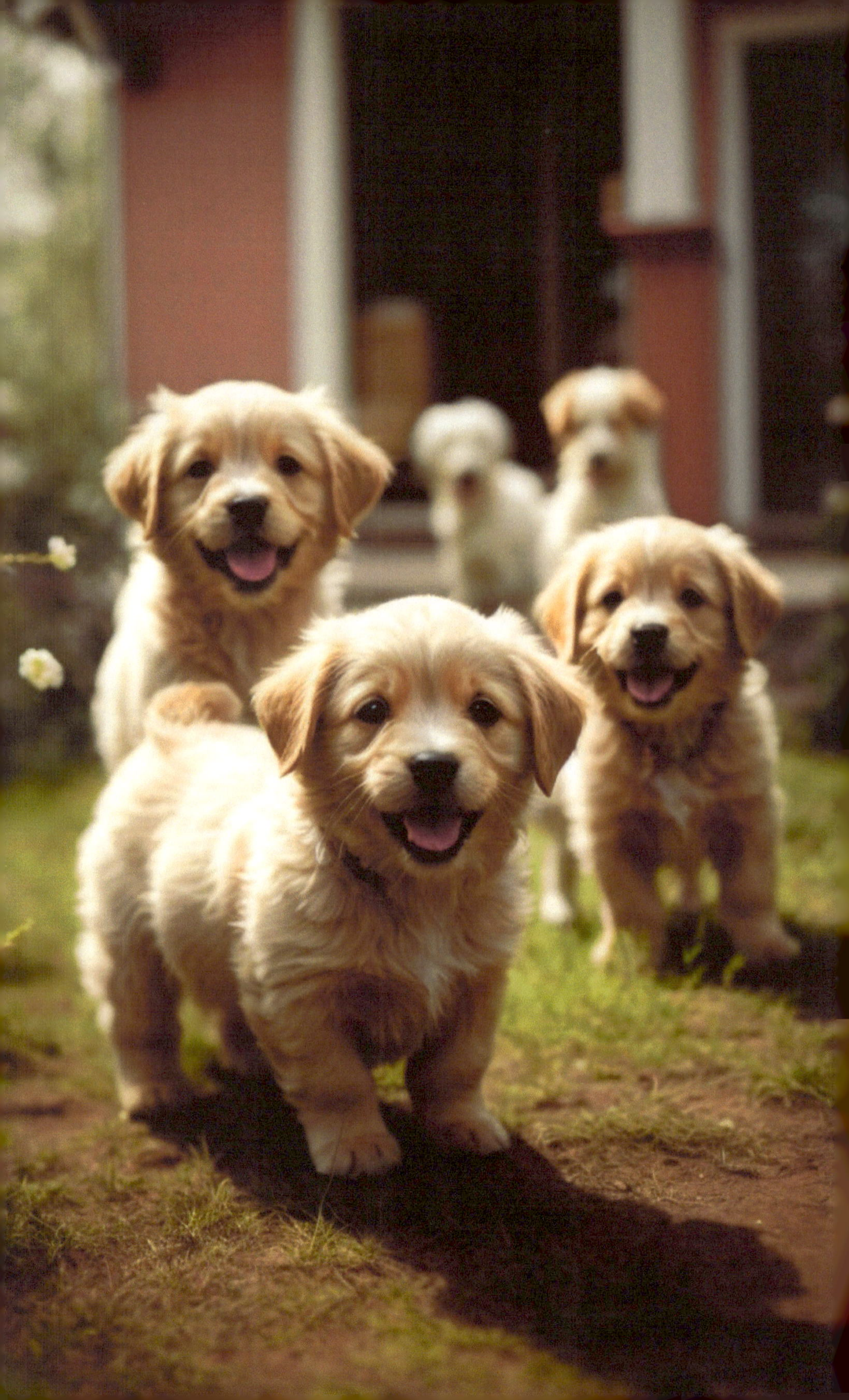

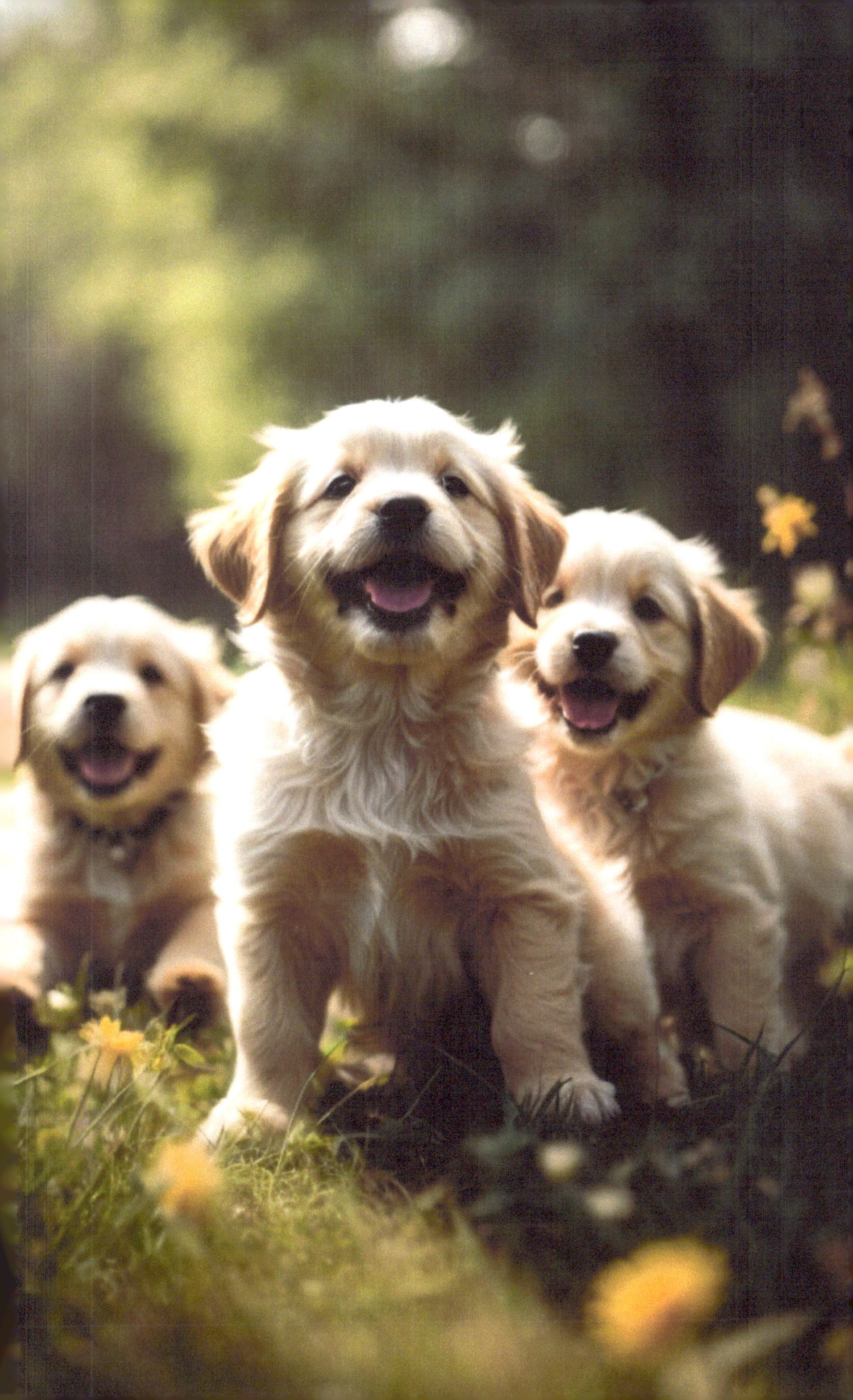